MÉTHODE DE FRAN(

Communication *express*

Bernard Seignoux
Sergio Cerqueda
Maria Helena Leão

CLE
INTERNATIONAL

AVANT-PROPOS

Public

Intensive, communicative et stimulante, *Communication Express* s'adresse à un public d'adultes désireux d'étudier le français dans une perspective professionnelle (travailler avec des francophones) ou de loisirs (visiter la France).

Ce sont souvent des personnes qui disposent de peu de temps. Le premier défi que *Communication Express* a voulu relever est celui de l'efficacité en un temps limité de soixante séances : des séances de 90 minutes pour les débutants complets, de 75 à 80 minutes pour les faux débutants et d'une heure pour ceux qui ont déjà étudié le français et qui, faute de pratique, ne savent pas l'utiliser.

Démarche

Pour tenir cette gageure de donner, en un temps très court, à la fois le bagage linguistique nécessaire propre au voyageur, et les éléments qui d'emblée le feront se sentir à l'aise en compagnie des Français, voici ce que *Communication Express* met en jeu :

Un contenu serré. Rien d'inutile n'est proposé sous prétexte de progression ou autre. Le seul critère qui préside au choix des situations langagières proposées est celui de leur véracité. Ce souci de réalité fait que les compétences qui apparaissent comme nécessaires pour l'apprenant lui sont présentées tout naturellement et dans un contexte qui lui permet de les comprendre sans effort.

Un contenu vivant. *Communication Express* met en œuvre une très large variété de personnages, car croiser constamment des visages nouveaux est la première réalité de celui qui voyage.

Un contenu varié. Avec Robica Grigorescu, l'universitaire roumaine férue de culture française qui visite pour la première fois un pays dont elle voudrait tout aimer, on pénètre dans le milieu des producteurs de biens culturels. Avec les «commerciaux» de la société ORVAL, on est introduit dans le monde du travail. Le séminaire au Bois d'Orval permet de faire connaissance avec ceux qui organisent de tels événements, des secrétaires à l'équipe de direction.

Une motivation étudiée. Les multiples voix qui sollicitent l'oreille des apprenants ont donc pour fonction de reprendre de façon vivante ce qui doit être acquis. Mais le plus souvent, ces voix sont aussi des vies suggérées, juste esquissées. Cela suffit pour aiguiser la curiosité.

De plus, le climat de *Communication Express*, c'est celui de la bonne humeur. C'est le seul propice à éveiller et maintenir l'intérêt, le meilleur qui soit pour favoriser une complicité capable de soutenir l'effort qu'exige l'apprentissage d'une langue étrangère.

Organisation

Communication Express est présentée en six épisodes : En avion — Arrivée à Paris — Itinéraires — Rencontres — Sorties — Toutes directions. Chacun de ces épisodes est articulé de la même façon :

■ **LA VIE COMME ELLE VA.** Il s'agit de présenter des situations correspondant au plus près à ce qui attend un candidat à un séjour en France. Ce sont de brefs dialogues suivis d'activités faisant ressortir ce qu'il est utile d'apprendre ; des schémas, des tableaux viennent en aide à la mémoire ; des mises au point d'ordre phonétique ou syntaxique sont là aussi pour rassurer si cela s'avère nécessaire.

■ **PENDANT CE TEMPS-LÀ.** Cette rubrique reprend la précédente. Les éléments à retenir réapparaissent dans un contexte différent.

■ **DÉCOUVREZ.** Après le contact avec la langue, vient la systématisation de données de base. En réalité, il ne s'agit pas d'une étude poussée de la langue qui ne pourrait tenir en 60 séances. Il s'agit plutôt de donner à voir le fonctionnement du français à ceux qui ont besoin de ces éléments d'apprentissage. « Découvrez » est aussi l'occasion d'entraîner à la lecture d'indications voire de textes qu'un visiteur va être amené à connaître.

■ **DÉBROUILLEZ-VOUS.** Arrivé là, l'apprenant va montrer s'il est capable d'utiliser ce qu'il vient d'apprendre. C'est l'objectif même de *Communication Express*.

Communication Express conduit ainsi au plus vite à une connaissance du français suffisante pour entreprendre un voyage en France en liberté. Et sans aucun doute prendre goût au français.

© CLE International / HER, 2000 / ISBN 209-033948-9

SOMMAIRE

Bonjour !
- En France !   5
- En Français !   6

1. En avion
- La vie comme elle va   8
- Pendant ce temps-là   18
- Découvrez   20
- Débrouillez-vous   24

2. Arrivée à Paris
- La vie comme elle va   26
- Pendant ce temps-là   32
- Découvrez   36
- Débrouillez-vous   40

3. Itinéraires
- La vie comme elle va   42
- Pendant ce temps-là   48
- Découvrez   52
- Débrouillez-vous   56

Bilan 1   58

4. Rencontres
- La vie comme elle va   60
- Pendant ce temps-là   68
- Découvrez   72
- Débrouillez-vous   78

5. Sorties
- La vie comme elle va   80
- Pendant ce temps-là   86
- Découvrez   92
- Débrouillez-vous   98

6. Toutes directions
- La vie comme elle va   100
- Pendant ce temps-là   108
- Découvrez   114
- Débrouillez-vous   120

Bilan 2   122

- À bientôt !   124
- Tableau des contenus   126

PRINCIPALES CONSIGNES

Traduisez dans votre langue

Regardez ! Observez !

....

Écoutez 🎧

....

Parlez ! Répondez oralement ! Répétez !

....

Écrivez ! Répondez par écrit ! Complétez !

....

Cochez !

Tick..

Lisez !

....

Imitez ! Jouez !

....

Bonjour !

En France !

1 - Votre professeur vous salue et se présente

2 - Répondez oralement
Vous saluez votre professeur puis vos camarades de classe.
Vous vous présentez.

3 - Regardez. Lisez

Jean Bois
Profession : professeur de français.
Nationalité : belge.

Jeanne Laforêt
Profession : professeur de français.
Nationalité : française.

4 - Répondez par écrit

C'est un homme.
Il s'appelle *Jean Bois*.
Prénom : *Jean*
Nom : *Bois*
Il est professeur de français.

C'est une femme.
Elle s'appelle : *Jeanne Laforêt*
Prénom : *Jeanne*
Nom : *Laforêt*
Elle est professeur de français.

5 - Présentez-vous

Je suis un homme. Je m'appelle *Colin*
Je suis une femme. Je m'appelle *Pam*
Profession : *Professeur*
Nationalité : *Anglais*

6 - Regardez. Lisez

Pour saluer un homme, une femme ou une jeune fille :

Bonjour, Monsieur !

Bonjour, Madame !

Bonjour, Mademoiselle !

7 - Lisez à voix haute
La capitale de la France, c'est Paris.
La capitale de l'Italie, c'est Rome.
La capitale de l'Allemagne, c'est Berlin.
La capitale de l'Espagne, c'est Madrid.
La capitale de la Grèce, c'est Athènes.
La capitale du Japon, c'est Tokyo.
La capitale des États-Unis, c'est Washington.

8 - Répondez et répétez
En français, mon pays s'appelle ....
La capitale de mon pays, c'est ....

9 - Regardez

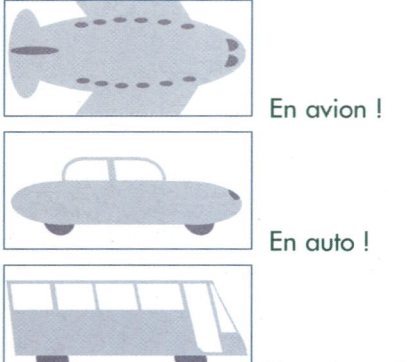

En avion !
En auto !
En autocar !

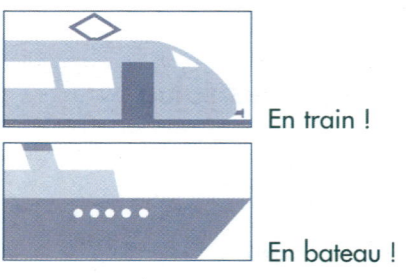

En train !
En bateau !

10 - Répondez

Je vais en France en ....

En français !

1 - Écoutez 🎧 un message des auteurs de la méthode « Communication express »

2 - Répondez

Comment s'appelle votre méthode de français ?
Elle s'appelle : ....
Votre méthode a 1 auteur ☐
                2 auteurs ☐
                3 auteurs ☐
                4 auteurs ☐
Il y a ..... femme et ..... hommes.

3 - Écoutez 🎧 de nouveau la présentation de Mme Leão

4 - Répondez

Mme Leão est allemande ☐
           brésilienne ☐
           chilienne ☐

Profession : elle est ....

Mme Maria Helena Leão.

Ville : elle habite à Berlin ☐
                     Rio de Janeiro ☐
                     São Paulo ☐

Pays : sa ville est au Brésil ☐
                    au Chili ☐
                    au Luxembourg ☐

5 - Parlez : présentez Mme Leão

Bonjour !

M. Sergio Cerqueda...

... et M. Bernard Seignoux.

6 - Écoutez 🎧 de nouveau la présentation de M. Cerqueda

7 - Répondez

M. Cerqueda est brésilien ☐
                portugais ☐
                argentin ☐

Profession : il est ....

Ville : il habite à Buenos-Aires ☐
                    Lisbonne ☐
                    Salvador ☐

Pays : sa ville est au Portugal ☐
                     au Chili ☐
                     au Brésil ☐

8 - Écoutez 🎧 de nouveau la présentation de M. Seignoux

9 - Répondez

M. Seignoux est français ☐
                 hongrois ☐
                 belge ☐

Profession : il est ....

Ville : il habite à Rennes ☐
                    Budapest ☐
                    Bruxelles ☐

Pays : sa ville est en France ☐
                     en Hongrie ☐
                     en Belgique ☐

10 - Présentez M. Cerqueda et/ou M. Seignoux

11 - Présentez-vous par écrit

Complétez :
Identité : ....
Nationalité : ....
Profession : ....
Ville : ....
Pays : ....

12 - Présentez-vous oralement

1. En avion
LA VIE COMME ELLE VA

Dans l'Airbus d'Air France Miami–Paris

1 - Regardez

Des passagers
Des sièges
Un steward
Une hôtesse

2 - Écoutez 🎧

3 - Cochez

Dans l'avion, il y a…

a – … un steward ☒
b – … une girafe ☐
c – … un crocodile ☐
d – … une hôtesse ☐
e – … des passagers ☐

Service boissons

1 - Regardez

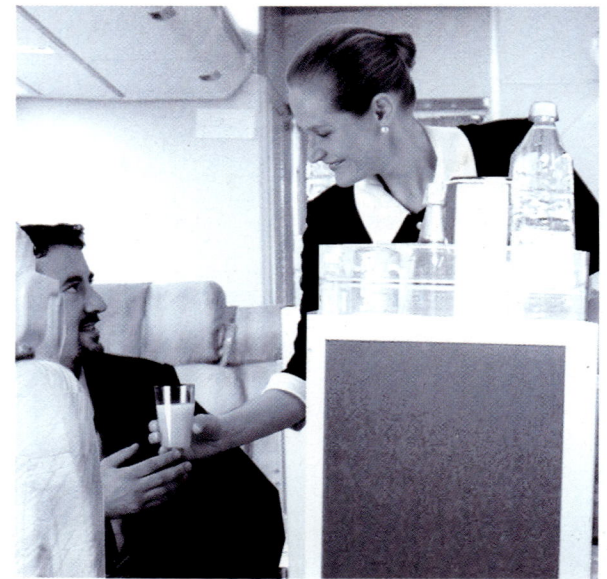

L'hôtesse Sylvie propose des boissons.

1. En avion
LA VIE COMME ELLE VA

2 - Écoutez 🎧

3 - Cochez

Sylvie propose quoi ?

☐ du vin rouge

☐ du Perrier

☐ du whisky

☐ du Martini

☐ du champagne

☐ de la bière

☐ du jus d'orange

☐ du Coca-Cola light

☐ de la vodka

☐ de l'Orangina

☐ du cognac

☐ du jus de raisin

4 - À vous !
Vous êtes dans l'avion. Sylvie propose des boissons.
Jouez la scène.

> Sylvie **propose** du vin rouge.

9 - neuf

Le déjeuner

1 - Regardez

L'hôtesse Marie sert... le déjeuner.

2 - Écoutez 🎧

Écoutez la conversation entre Marie et un passager.

3 - Cochez

Marie propose :

☐ du vin blanc ✓

✓ du poisson

☐ de la bière

☐ du poulet

☐ de la viande

☐ de l'eau minérale

4 - Écoutez 🎧

5 - Répondez

Vous êtes le passager. Répondez à Marie.

PHONÉTIQUE 🎧 : LES SYLLABES

1 - Écoutez.
thé - café - jus de raisin - chocolat - champagne - bière - eau minérale - vin - vin blanc - whisky.

2 - Écoutez. Écrivez le nombre de syllabes.
thé [1] - café [2] - chocolat [3] - champagne [2] - bière [2] - eau minérale [4] - jus de raisin [4] - vin [1] - vin blanc [2] - whisky [2] - jus d'orange [3] - martini [3] - Coca-Cola [4] - cognac [2].

3 - Lisez à voix haute.
vin blanc - whisky - chocolat - thé - champagne - jus d'orange - café.

4 - Écoutez, écrivez le nombre de syllabes.
a - ___ [2] ___ [3] ___ [5]
b - [4] [ ] [3] [ ] [2] [ ] [2] [ ]
c - [4] [ ]
d - [5] [ ] [3] [ ]

5 - À vous !
Demandez à l'hôtesse :
— de l'eau ;
— du café ;
— du champagne.

1. En avion
LA VIE COMME ELLE VA

6 - Lisez

A
– Du vin ?
– Non, merci.

B
– De l'eau minérale ?
– Merci beaucoup, mademoiselle.

C
– Vous voulez du poulet ?
– Avec plaisir.

7 - Regardez

1
2
3

8 - Écrivez

Vous voulez du poulet ?
Avec plaisir.

9 - Jouez la scène

10 - Écoutez 🎧 les passagers et répétez

11 - Écoutez 🎧 et écrivez *du* ou *de la*
a – Le 18B veut *du* café.
b – Le 23D veut *de la* viande.
c – Le 7A veut *du* thé.
d – La jeune fille du 3B veut *de la* confiture.
e – La dame du 29E veut *du* lait pour son bébé.

12 - Lisez et comparez

Marie propose **du** poisson.
Elle propose **de la** viande.
Elle propose **de l'**Orangina.

13 - Complétez

| Les articles partitifs ||
Masculin	Féminin
Il veut du vin	Elle propose ... viande
... poisson	... bière
... orangina	... eau minérale

Sylvie **propose** du vin rouge.
Le 7A **veut** de l'eau minérale.

Marie compte les passagers

1 - Regardez la photo

2 - Écoutez 🎧

3 - Écoutez 🎧 et écrivez les chiffres
a – 4   b – 10   c – 15   d – 3
e – 2   f – 20   g – 18   h – 16

4 - Lisez à voix haute
1 : un – 2 : deux – 3 : trois – 4 : quatre – 5 : cinq –
6 : six – 7 : sept – 8 : huit – 9 : neuf – 10 : dix –
11 : onze – 12 : douze – 13 : treize – 14 : quatorze –
15 : quinze – 16 : seize – 17 : dix-sept – 18 : dix-huit –
19 : dix-neuf – 20 : vingt.

L'hôtesse compte les passagers.

5 - Votre siège ? Écoutez 🎧 et cochez

1. Siège : ☒ 2B
            ☐ 2D

2. Siège : ☐ 6A
            ☐ 5F

3. Siège : ☐ 2D
            ☐ 12D

4. Siège : ☐ 18A
            ☐ 8H

6 - Écoutez 🎧 et écrivez

— Bonjour, Madame ! 15b c'est à gauche !
— Bonjour, Monsieur ! 8F c'est là !
— Bonjour, Mademoiselle ! 17D c'est à droite !

— Bonjour, Monsieur ! 19A c'est là-bas au fond à gauche !
— Bonjour, Madame ! 9E c'est ici !

   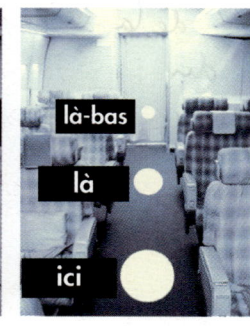

à gauche   à droite   au fond à gauche

7 - À vous, mimez !

— C'est ici !
— C'est à gauche !
— C'est là-bas !
— C'est au fond !

Un verre d'eau, s'il vous plaît !

1. En avion
LA VIE COMME ELLE VA

1 - Regardez

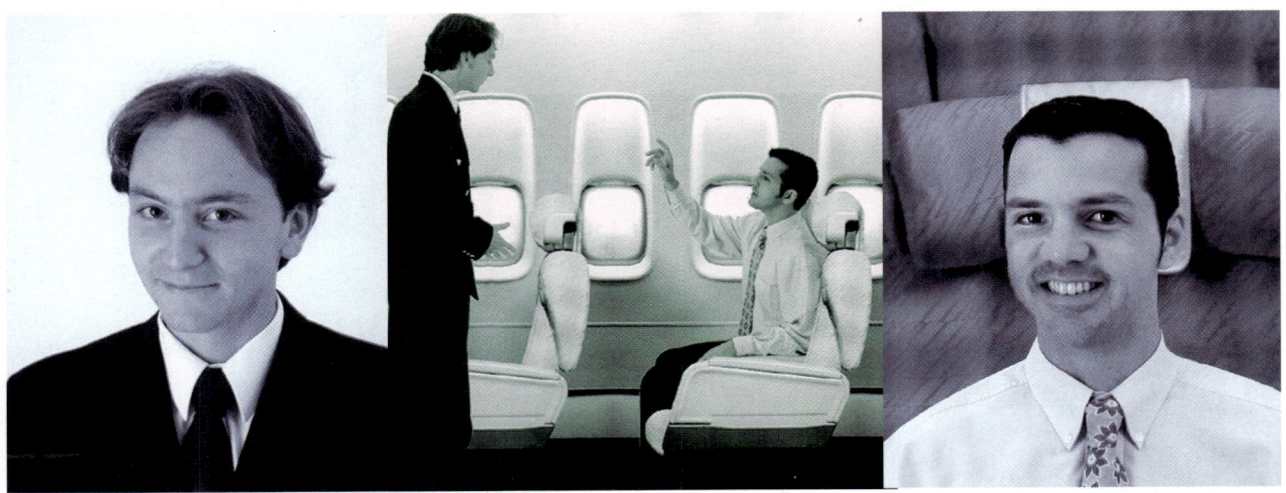

Gérard est steward.   Antonio Silva...   ... est le passager du 18C.

2 - Écoutez 🎧 Antonio Silva et Gérard

3 - Lisez et prononcez

A — Merci.
B — Un verre d'eau ? Mais oui, monsieur.
C — Monsieur, s'il vous plaît. Je voudrais un verre d'eau.
D — Voilà monsieur.

5 - Jouez la scène

6 - À vous !

Vous êtes sur le vol 323 d'Air Roumanie (Bucarest-Paris). C'est l'heure du petit déjeuner. La compagnie propose du thé et du café.
Vous êtes l'hôtesse ou le voyageur 1 ou le voyageur 2. Présentez-vous.
Jouez la scène à trois.

4 - Regardez et écrivez

1  2  3  4

1. Monsieur s'il vous plaît, je voudrais un verre d'eau.
2. b — Un verre d'eau ? Mais oui, Monsieur.
3. d — Voilà, Monsieur.
4. a — Merci.

Service des journaux

1 - Regardez   **2 - Écoutez** 🎧 **Gérard et deux passagers**

Gérard propose des journaux.

3 - Cochez

Gérard propose...
- Le Monde ☒
- Le Figaro ☐
- Libération ☒
- France-Soir ☐
- L'Équipe ☐
- Le Monde diplomatique ☐
- Elle ☐

4 - Écoutez 🎧 **et complétez**

a – LE PASSAGER DU 18A : Vous avez *Le Monde diplomatique* ?
GÉRARD : Non, monsieur. Je regrette.

b – LA PASSAGÈRE DU 19F : Je voudrais _Elle_.
GÉRARD : Avec plaisir.

c – LE PASSAGER DU 12C : _Je voudrais_ *Les Échos*.
GÉRARD : – Voilà, monsieur.

d – LA PASSAGÈRE DU 23D : Vous avez *El País* ?
GÉRARD : Non, madame. _Je regrette_.

5 - Écoutez 🎧 **de nouveau** *(once again)* **et vérifiez les réponses**

Sylvie **propose** du vin rouge.
Marie **compte** les passagers.
La passagère du 7H **téléphone**.
Les passagers du 5B et 7D **parlent**.
Les hôtesses **travaillent**.

1. En avion
LA VIE COMME ELLE VA

6 - Regardez, lisez

La passagère du 7H téléphone.

Le steward propose des journaux.

Les hôtesses travaillent.

Les passagers du 5B et 7D parlent.

7 - Complétez

Les articles définis			
Masculin		Féminin	
Singulier	Pluriel	Singulier	Pluriel
.... passager .... avion	.... passagers .... avions	.... dame .... hôtesse	.... dames .... hôtesses

8 - Complétez

a – **Les** passagers entrent dans ...l'... avion.
b – ...la... dame appelle ...le... steward.
c – ...l'... hôtesse indique ...les... sièges.
d – ...le... monsieur du 11B demande ...des... journaux.

Une rencontre

1 - Regardez

Carla Castro trébuche.

Antonio Silva aide la jeune femme.

Il se présente à Carla Castro.

2 - Écoutez 🎧

3 - C'est vrai ? c'est faux ?

	Vrai	Faux
a – Antonio Silva est brésilien.	☒	☐
b – Antonio Silva n'est pas américain.	☒	☐
c – Carla Castro est italienne.	☐	☒
d – Carla Castro n'est pas cubaine.	☒	☒
e – Carla Castro va à Madrid.	☐	☒
f – Antonio Silva ne va pas à Paris.	☒	☒

4 - Observez

Antonio Silva est brésilien, il **n'est pas** américain. Il **ne** va **pas** à Londres.
Carla Castro dit : « Vous **n'êtes pas** américain ! »

5 - Complétez les phrases

a – Gérard est français : **il n'est pas espagnol**.
b – Antonio Silva va à Paris : .... à Rome.
c – La mère de Carla Castro est à La Havane : .... dans l'avion.
d – Gérard est steward : il .... pilote.
e – *Libération* est un journal français : *El Pais* .... un journal français.
f – Antonio Silva parle portugais : il .... grec.

6 - À vous !

Dites trois choses à la forme négative.
Je ne suis pas dans l'avion Miami-Paris.

La négation
Il **ne** parle **pas** italien.
Elle **n'est pas** anglaise.
La dame **ne** téléphone **pas**.

Antonio Silva **se présente** à Carla Castro.
Antonio **va** à Paris. Carla **va** à Paris. Antonio et Carla **vont** à Paris.
Antonio **parle** portugais, français et anglais.
Carla **parle** français et espagnol.
Antonio **travaille** chez Orval.
Il **vient** de Miami.

Qui est Antonio Silva ?

1. En avion
LA VIE COMME ELLE VA

1 - Écoutez 🎧

2 - Lisez à voix haute

Antonio Silva travaille à Rio de Janeiro. Il a quarante-deux ans. Il est directeur commercial d'Orval Brésil. Orval, vous connaissez, c'est une multinationale. Elle fabrique des molécules. Avec elle, tout pousse : le blé, le maïs, les cheveux... Avec elles les rides disparaissent.

3 - Complétez

a – Il travaille chez Orval.
b – Antonio Silva a *quarante-deux* ans.
c – Il va à *Paris*.
d – Il ne vient pas de *Brésil*, il vient de *Rio de Janeiro*.

À vous, l'avenir Orval

PHONÉTIQUE 🎧

Les sons [a] et [i]
1 - Écoutez et prononcez.

Les sons [i] et [u]
2 - Écoutez et prononcez.

Les sons [i], [y] et [u]
3 - Écoutez et prononcez.
4 - Écoutez et cochez si c'est [i], [y] ou [i] et [y] :

	[i]	[y]	[i] et [y]
1			X
2		X	
3	X	X	X
4	X	X	
5	X	X	

5 - Vous entendez... la même voyelle (=) ou des voyelles différentes (≠) ?

	=	≠
1		X
2	✓	
3		✓
4		✓
5	✓	
6		✓

6 - Écoutez, et découvrez

L'admiration.

L'échec.

Le désespoir.

La douleur.

7 - Mimez

1. En avion
PENDANT CE TEMPS-LÀ

Robica Grigorescu

1 - Regardez, lisez

Dans l'Airbus d'Air Roumanie (Bucarest-Paris), une passagère remplit sa carte de débarquement. Regardez la photo et la carte de débarquement :

Robica Grigorescu, la passagère du 15 D.

CARTE DE DÉBARQUEMENT / DISEMBARKATION CARD
ne concerne pas les voyageurs de nationalité française ni les ressortissants des autres pays membres de la C.E.E.
not required for nationals of France nor for other nationals of the E.E.C. countries.

1. Nom / NAME (en caractère d'imprimerie – please print) : GRIGORESCU
   Nom de jeune fille / Maiden name :
   Prénoms / Given names : Robica
2. Date de naissance / Date of birth : 2/6/67 (quantième) (mois) (année) (day) (month) (year)
3. Lieu de naissance / Place of birth : Bucarest
4. Nationalité / Nationality : roumaine
5. Profession / Occupation : enseignante
6. Domicile / Address : 41 rue St-Stiepan 5603 Bucarest
7. Aéroport ou port d'embarquement / Airport or port of embarkation : Bucarest

2 - Complétez

La passagère du 15 D :
a - Elle s'appelle ....
b - Elle .... de Bucarest.
c - Elle .... à Paris.

3 - Pays et nationalité : lisez et découvrez

Pays	Nationalité	Il/Elle vient ...	Il/Elle va ...
La France	Il est **français**.	**de** France.	**en** France.
	Elle est **française**.		
La Roumanie	Il est **roumain**.	**de** Roumanie.	**en** Roumanie.
	Elle est **roumaine**.		
Le Brésil	Il est **brésilien**.	**du** Brésil.	**au** Brésil.
	Elle est **brésilienne**.		
L'Italie	Il est **italien**.	**d'**Italie.	**en** Italie.
	Elle est **italienne**.		
La Pologne	Il est **polonais**.	**de** Pologne.	**en** Pologne.
	Elle est **polonaise**.		
La Grèce	Il est **grec**.	**de** Grèce.	**en** Grèce.
	Elle est **grecque**.		
L'Espagne	Il est **espagnol**.	**d'**Espagne.	**en** Espagne.
	Elle est **espagnole**.		
Le Danemark	Il est **danois**.	**du** Danemark.	**au** Danemark.
	Elle est **danoise**.		
L'Allemagne	Il est **allemand**.	**d'**Allemagne.	**en** Allemagne
	Elle est **allemande**.		
Les États-Unis	Il est **américain**.	**des** États-Unis.	**aux** États-Unis.
	Elle est **américaine**.		

1. En avion
PENDANT CE TEMPS-LÀ

8 - Lisez et observez

Où va Robica ? Elle va **à** Paris **en** France.
Où habite Robica ? Elle habite **à** Bucarest **en** Roumanie.
Robica va **aux** Champs-Élysées, **à la** tour Eiffel, **au** restaurant.

Présentation de Robica

1 - Écoutez et lisez

Robica Grigorescu est professeur de littérature française à l'université de Bucarest. Elle vit seule. Sa mère habite dans un village à trente kilomètres de la capitale. Elle travaille dans un laboratoire. Le père de Robica est mort en 1967. Son frère travaille au ministère des Finances. Il est marié. Il a trois enfants. Trois garçons.

4 - À vous !

Vous aussi, vous êtes sur le vol d'Air Roumanie. Complétez

Vous venez d'où ? ....

Où est-ce que vous allez ? ....

Où est-ce que vous êtes ? ....

Remplissez votre carte de débarquement ci-dessus.

2 - Répondez

a – Robica est   ☐ mariée.
                 ☐ célibataire.
                 ☐ divorcée.

b – La mère de Robica est   ☐ mariée.
                            ☐ veuve.
                            ☐ divorcée.

c – Mika est   ☐ marié.
               ☐ célibataire.
               ☐ divorcé.

d – Il a   ☐ trois femmes.
           ☐ trois filles.
           ☐ trois fils.

e – Et vous ?
Je suis ....
J'ai .... enfants.

5 - Regardez et lisez

Pendant ce temps-là, l'avion survole l'Italie. Tout le monde dort. Robica ne dort pas. Elle pense...

Robica pense.

6 - Écoutez

7 - Reconstituez l'ordre

☐ L'installation chez Claudine.
1 L'arrivée à Paris.
☐ La promenade aux Champs-Élysées.

Robica **remplit** la carte de débarquement.
Elle **se repose**.
Elle ne **dort** pas, elle **pense**.

19 - dix-neuf

1. En avion
DÉCOUVREZ

La conjugaison

1 - Regardez Antonio Silva et lisez

Je suis le passager du 18C.

Je lis le journal.

Je mange.

3 - Écoutez et indiquez

Qui parle ? C'est Antonio qui parle. C'est Gérard qui parle.

	Antonio	Gérard
1	☑	☑
2	☐	☑
3	☑	☐
4	☐	☑
5	☑	☐
6	☐	☑
7	☑	☐

4 - À vous !

Parlez de vous et de votre voisin(e) de gauche.
Exemples :
— Je travaille chez Renault. Il travaille à l'Université.
— Je connais la France. Elle ne connaît pas la France.

2 - Regardez Gérard et lisez

C'est le passager du 18C.   Il lit le journal.   Il mange.

5 - Écoutez

Gérard et Marie parlent.

6 - Écoutez

On parle de :

	Gérard	Marie
1	☑	☑
2	☐	☑
3	☐	☑
4	☑	☐

Les verbes en *-er*

1 - Regardez les verbes en *-er* à l'infinitif

regard**er** - accept**er** - travaill**er** - habit**er** - parl**er** - pens**er**.

2 - Regardez les verbes en *-er* au présent

Je regard**e** la télévision.
Il parl**e** allemand.
Elle travaill**e** beaucoup.
Ils parl**ent**.
Elles pens**ent**.

3 - Complétez avec :

parler - demander - habiter - entrer - accepter - proposer - voyager - manger.

a - Carla Castro .... dans l'avion.
b - Antonio Silva .... au Brésil.
c - Le passager du 9A .... le journal.
d - La passagère du 20H .... un café.
e - Robica Grigorescu .... en avion.
f - Antonio Silva .... à Carla Castro.
g - Gérard .... le journal *El País* à Carla Castro.
h - Les passagers .... du poisson ou de la viande.

1. En avion
DÉCOUVREZ

La conjugaison des verbes en -er au présent (de l'indicatif)

Je travaille chez Orval.
Tu voyages en France.
Il habite à Paris.
Elle ne parle pas italien.
Nous entrons dans l'avion.
Vous écoutez les documents sonores.
Ils regardent les photos.
Elles complètent les phrases.

Mais : Aller : je vais, tu vas, il va, elle va, nous allons, vous allez, ils vont, elles vont.

4 - Regardez la conjugaison des autres verbes

remplir – dormir – servir – venir – vouloir – écrire – prendre – boire – lire – connaître.

Infinitif	Présent				
	je (ou tu)	il (ou elle)	ils (ou elles)	vous	nous
remplir	remplis	remplit	remplissent	remplissez	remplissons
dormir	dors	dort	dorment	dormez	dormons
servir	sers	sert	servent	servez	servons
venir	viens	vient	viennent	venez	venons
vouloir	veux	veut	veulent	voulez	voulons
écrire	écris	écris	écrivent	écrivez	écrivons
prendre	prends	prend	prennent	prenez	prenons
boire	bois	boit	boivent	buvez	buvons
lire	lis	lit	lisent	lisez	lisons
connaître	connais	connaît	connaissent	connaissez	connaissons

5 - Écoutez et indiquez

	Je	Il	Elle	Vous	Ils	Elles
1	X					
2		X				
3					X	
4			X			
5				X		
6		X				
7	X					
8		X				

6 - Complétez avec :

connaître – lire – venir – prendre – vouloir – remplir.

a - La passagère *remplit* la carte de débarquement.
b - Le passager *lit* le journal.
c - Robica *boit* du thé.
d - Carla et Antonio *vont* de Miami.
e - Qu'est-ce que vous *voulez* ? Du thé ou du café ?
f - Est-ce que Antonio *va* à Paris ?

Vocabulaire : la famille

1 - Observez

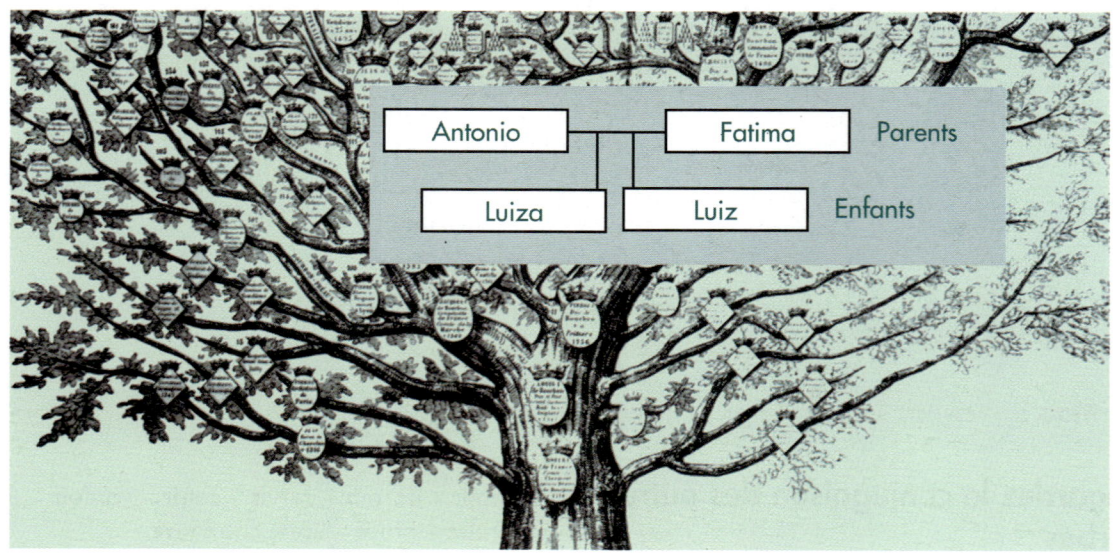

2 - Découvrez les mots

les parents – le père – la mère – le mari – la femme – les enfants – le fils – la fille – le frère – la sœur.

3 - Écoutez 🎧

4 - Lisez

Antonio Silva et sa femme Fátima sont mariés depuis 20 ans. Ils ont deux enfants. Leur fils s'appelle Luis et leur fille, Luiza. Luis a 15 ans et Luiza 17 ans.
Ils habitent à Rio de Janeiro. Fátima est architecte et les enfants vont au lycée.

6 - Lisez les questions et répondez

– Carla Castro, votre mère est française ?
– Oui, ma mère est française.

a – Luis, Luiza, votre père va à Paris ?

b – Antonio, Fátima, vos enfants étudient ?

c – Robica, votre frère travaille au ministère des Finances ?

d – Mika, qui est Robica ?

e – Luiza, votre mère s'appelle Fátima ?

f – Mika, vos enfants étudient ?

5 - Observez

Les adjectifs possessifs		
	Un possesseur	Plusieurs possesseurs
Masculin singulier	mon, ton, son	notre, votre, leur
Féminin singulier	ma, ta, sa	notre, votre, leur
Masculin pluriel	mes, tes, ses	nos, vos, leurs
Féminin pluriel	mes, tes, ses	nos, vos, leurs

1. En avion
DÉCOUVREZ

7 - Lisez

- La femme d'Antonio Silva s'appelle Fátima : **sa** femme s'appelle Fatima.
- Antonio a deux enfants : **ses** enfants s'appellent Luis et Luiza.
- Antonio et Fátima ont deux enfants : **leurs** enfants s'appellent Luis et Luiza.
- Robica a un frère : **son** frère s'appelle Mika.
- Mika a trois enfants : **ses** enfants étudient à l'école.
- Mika et **sa** femme habitent en Roumanie : **leur** maison est confortable.

8 - À vous !

Présentez votre famille.

Les mots pour le dire

Je ne suis pas mariée.

Pour accepter
– Oui.
– Mais oui, madame (monsieur, mademoiselle).
– Oui, merci.
– Oui, avec plaisir.
– Merci.
– Merci beaucoup.

Pour refuser
– Non, merci.
– Merci !

Pour dire bonjour
– Bonjour madame !
– Bonjour monsieur !
– Bonjour mademoiselle !

Pour offrir
– Vous voulez du thé ?
– Thé ou café ?
– Qu'est-ce que vous voulez ? *Le Monde* ou *Libération* ?

Pour s'excuser
– Je regrette, monsieur, mais je n'ai pas *Le Figaro*.

Pour demander
– Qu'est-ce que vous avez ?
– Je voudrais un verre d'eau.
– Vous avez *El Pais* ?
– Du poisson, s'il vous plaît !

Pour se présenter
– Sylvie Lopez.
– Je m'appelle Sylvie.
– Je travaille à Air France.
– Je suis hôtesse de l'air.
– J'habite Paris.
– Je ne suis pas mariée.

1. En avion
DÉBROUILLEZ-VOUS

À l'aéroport

1 - Regardez le plan de l'aéroport

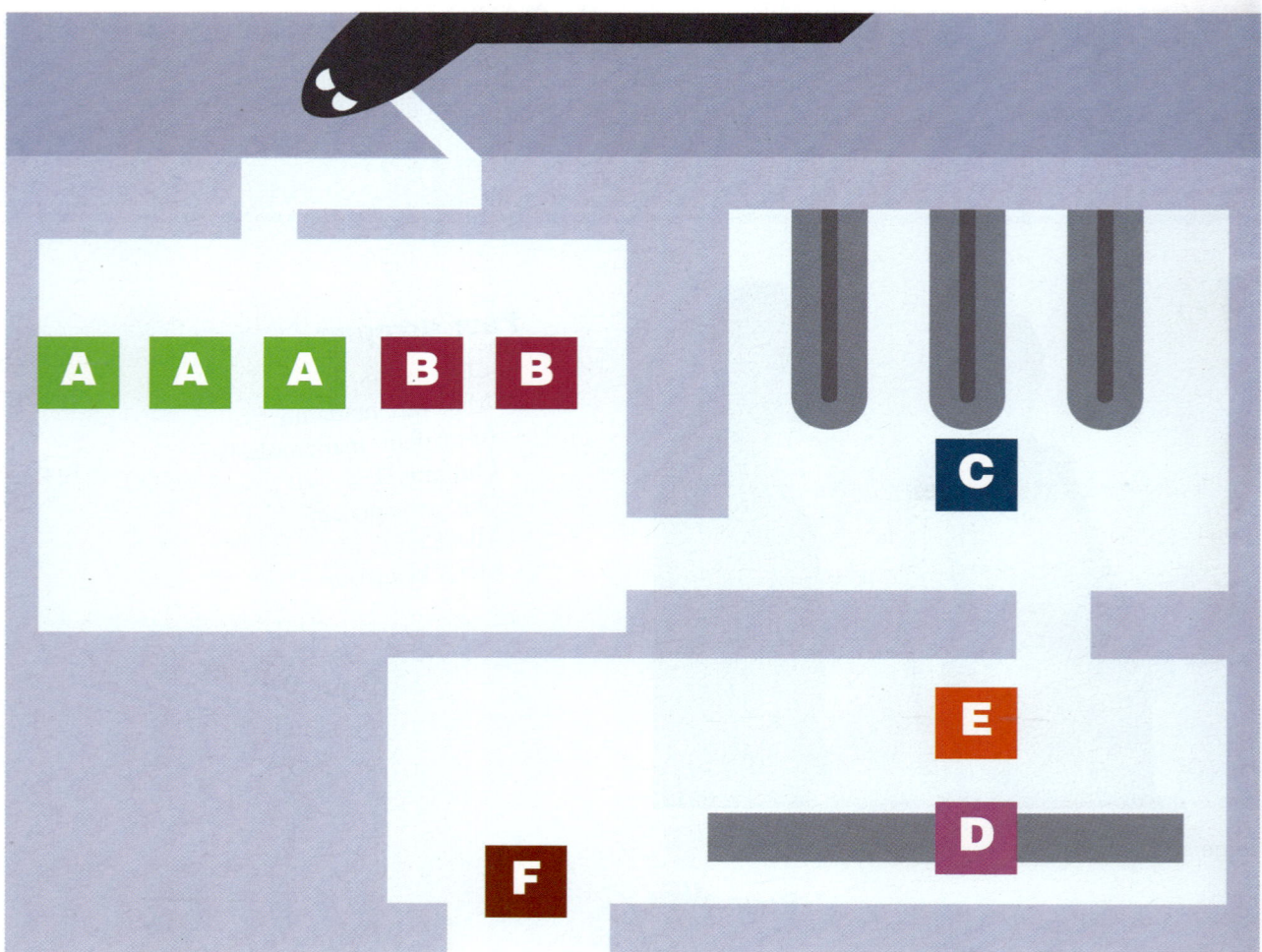

2 - Lisez

A : Passeports Union européenne et Suisse

B : Passeports hors Union européenne

C : Livraison des bagages

D : Douanes

E : Rien à déclarer

F : Sortie

3 - Indiquez les lettres de votre itinéraire

a – Vous êtes citoyen de l'Union européenne. Vous n'avez pas de bagages : A - E - F

b – Vous n'êtes pas citoyen de l'Union européenne. Vous avez des bagages : ....

c – Vous n'êtes pas citoyen de l'Union européenne. Vous avez des bagages. Vous avez un tableau de Picasso : ....

1. En avion
DÉBROUILLEZ-VOUS

D'une ville à l'autre

1 - Consultez la carte au début de votre livre

Situez quelques-unes des capitales francophones suivantes :
Paris - Bruxelles - Genève - Tunis - Alger - Marrakech - Dakar - Abidjan - Yaoundé - Bamako - Brazzaville - Kinshasa - Tananarive - Montréal.

(annotations manuscrites : Maroc, Senegal, Ivory Coast, Cameroon, Mali, Congo, Zaire)

2 - Imaginez et complétez

Imaginez un personnage. Il est dans un avion à destination de l'une de ces villes.

Nom :

Prénom :

Adresse personnelle :

Téléphone :

Ville de départ :

Ville de destination :

Compagnie aérienne :

Numéro de vol :

Heure de départ de son avion :

Son avion est parti à l'heure ? en retard ?

Quelle est la nationalité de son voisin ?

Quelle est la nationalité de sa voisine ?

Service de journaux : Il lit *Le Monde* ou *Le Figaro* ?

Service du petit déjeuner : Il prend du thé ou du café ?

Service du déjeuner : Il prend du poisson ou de la viande ?

Service du dîner : Il prend du vin ou du jus de fruits ?

Il est content ?

3 - À vous !

Maintenant votre personnage se présente à vos collègues de classe.

2. Arrivée à Paris
LA VIE COMME ELLE VA

De l'aéroport à Paris

1 - Regardez le plan de Paris

Paris a vingt arrondissements.
On dit :
le premier (1er) arrondissement.
le deuxième (2e).
le troisième (3e).
le quatrième (4e).
le treizième (13e).
le seizième (16e).
le vingtième (20e).

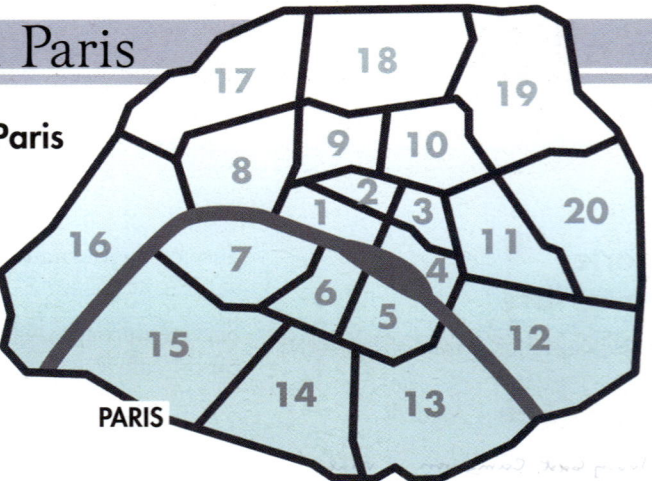

2 - Observez

Montparnasse (14e).

La tour Eiffel (7e).

Notre-Dame (4e).

Les Champs-Élysées (8e).

L'Opéra (9e).

La rue Jeanne-d'Arc (13e).

3 - Complétez

Dans quel arrondissement est Montparnasse ?
Montparnasse est dans le **quatorzième** arrondissement.

Dans quel arrondissement est :
a - la tour Eiffel ? *est dans le septième a.*
b - Notre-Dame ? *est dans le quatrième*
c - l'avenue des Champs-Élysées ? *est dans le huitième a.*
d - l'Opéra ? *est dans le neuvième a.*
e - la rue Jeanne d'Arc ? *est dans le treizième a.*

4 - Lisez et complétez

Voici l'adresse de Claudine, l'amie de Robica :

> Mme Claudine DUBOURG
> 42, rue Jeanne d'Arc
> 75013 PARIS

Où est écrit l'arrondissement ? _____
Claudine habite dans le _____

Compter de vingt à quatre-vingt-treize

20 vingt	21 vingt et un	22 vingt-deux	23 vingt-trois…
30 trente	31 trente et un	32 trente-deux	33 trente-trois…
40 quarante	41 quarante et un	42 quarante-deux	43 quarante-trois…
50 cinquante	51 cinquante et un	52 cinquante-deux	53 cinquante-trois…
60 soixante	61 soixante et un	62 soixante-deux	63 soixante-trois…
70 soixante-dix	71 soixante et onze	72 soixante-douze	73 soixante-treize…
80 quatre-vingts	81 quatre-vingt-un	82 quatre-vingt-deux	83 quatre-vingt-trois…
90 quatre-vingt-dix	91 quatre-vingt-onze	92 quatre-vingt-douze	93 quatre-vingt-treize…

Robica et l'hôtesse

2. Arrivée à Paris
LA VIE COMME ELLE VA

1 - Regardez et écoutez 🎧

L'hôtesse explique à Robica
comment aller de l'aéroport à Paris.

2 - Lisez et jouez le dialogue

Robica est au bureau des informations de l'aéroport Roissy-Charles-de-Gaulle.

— Oui, Madame ?
— Je voudrais aller rue Jeanne d'Arc.
— Dans le treizième, n'est-ce pas ?
— Je ne sais pas. L'adresse, c'est 42, rue Jeanne d'Arc, 75013 Paris.
— Oui, c'est bien ça. C'est le treizième arrondissement.

3 - Répondez

— Robica connaît la rue Jeanne d'Arc ?
— Et l'hôtesse ?
— Et vous, vous connaissez la rue Jeanne d'Arc ?

Le verbe *connaître*

je connais
tu connais
il/elle/on connaît
nous connaissons
vous connaissez
ils/elles connaissent.

4 - Regardez les panneaux et lisez

Prenez le car !

Prenez le RER !

Prenez un taxi !

5 - Écoutez 🎧 l'hôtesse et répondez

	Option 1	Option 2	Option 3
Moyen de transport ?	car	RER	Taxi
C'est direct ?		Non	oui
C'est combien ?	10	8	45

6 - Écoutez 🎧 et complétez

Robica pense.
Indiquez ce qu'elle doit faire :
a – Prenez...
b – Ne prenez pas...

le moins cher (cheaper)

7 - Écoutez 🎧 et complétez

Écoutez la décision de Robica.
Elle prend _____

Roissy-Charles-de-Gaulle

1 - Regardez la photo et lisez les cartes à droite

Ils attendent un voyageur.

2 - Écoutez 🎧 et associez les dialogues à la carte correspondante

Dialogue 1 : carte B
Dialogue 2 : C
Dialogue 3 : A
Dialogue 4 : D
Dialogue 5 : F
Dialogue 6 : E

3 - Lisez

M. et Mme Angebeau sont maintenant avec leur fille Hélène. Ils prennent un taxi.
M. ANGEBEAU : 22, rue de la Gaîté, s'il vous plaît.
LE CHAUFFEUR : C'est dans le quatorzième ?
M. ANGEBEAU : Oui, c'est bien ça. Dans le quatorzième.

4 - Jouez ce dialogue.

A

ANTIQUITÉS RIVOIRE

28, quai des Augustins 75006 PARIS
Téléfax : 01 46 56 66 26
Mél : rivoire@voila.fr

B

Angèle et Michel Angebeau

22, rue de la Gaîté 75014 PARIS
Tél. : 01 44 87 12 16

C

NADINE DE PIRANDOT

53, avenue Raymond Poincaré
75016 PARIS

D

Rita VOHATU
voyante extra-lucide
reçoit sur rendez-vous

53, bd Beaumarchais 75011 PARIS
Tél. : 01 49 29 19 89

E

MARIE-LAURE RÉGNIER
36, rue de Tolbiac 75013 PARIS
Tél. : 01 45 25 95 05
Mél : mlregnier@lemel.fr

F

LIVRES ANCIENS - GRAVURES

Gaston Fleury

18, rue des Carmes 75005 PARIS
Tél. : 01 43 13 63 73

5 - À vous ! Imaginez

a – M. Fleury est maintenant avec sa femme. Il donne son adresse au chauffeur de taxi.
b – Mme Vohatu est maintenant avec son collègue, M. Flash. Elle donne son adresse au chauffeur de taxi.
c – M. Rivoire est maintenant avec son fils Claude. Il donne son adresse au chauffeur de taxi.

Ils vont à Paris

2. Arrivée à Paris
LA VIE COMME ELLE VA

1 - Regardez et lisez

Ils arrivent à Roissy. Ils connaissent Paris.

2 - Complétez avec les mots suivants :

direct – coûte – un taxi – prenez – venez – prends.

a – M. Hung arrive de Taiwan. Il va boulevard Beaumarchais :
— Moi, je .... un taxi. Ça me .... 38 euros.

b – Giuliana Martinelli arrive de Rome. Elle va au 14, rue des Carmes. Elle pense :
— Ma valise est lourde. Je prends .... C'est cher mais c'est ....

c – Gérard, le steward, parle à Marie-Laure.
— Vous .... un taxi pour rentrer chez vous ?
— Non, je .... le car qui va à Montparnasse.
— J'ai ma voiture, ... avec moi.

Le verbe *pouvoir*
je peux
tu peux
il, elle, on peut
nous pouvons
vous pouvez
ils, elles peuvent

Vous pouvez prendre le car ou un taxi.

Le verbe *prendre*
je prends
tu prends
il, elle, on prend
nous prenons
vous prenez
ils, elles prennent

On prend un taxi !

On sort

1 - Regardez les photos, écoutez et lisez

— Ma chérie, tu es magnifique !
— Toi aussi, Claudine. Tu ne changes pas. Toujours aussi belle !
— Tu exagères... Qu'est-ce que tu veux faire ? Dormir, dîner, sortir ?...

Claudine et Robica s'embrassent.

Claudine et Robica parlent, parlent, parlent...

2 - Écoutez et répondez

Les deux amies parlent :

☐ de Montparnasse

☐ de Montmartre

☐ des Champs-Élysées

☐ de la tour Eiffel

☐ de Saint-Germain-des-Prés

☐ de Pigalle

☐ de l'Opéra

☐ de Notre-Dame

Finalement, elles vont où ?
Elles vont aux ....

3 - À vous !

Pour aller de la rue Jeanne-d'Arc aux Champs-Élysées, on peut prendre :
— le métro ;
— les bus 62 et 93 ;
— un taxi.

Imaginez le dialogue de Robica et Claudine.
Utilisez :

— On peut prendre...
— C'est cher.
— Ce n'est pas cher.
— C'est direct.
— On doit changer à...
— On va en...

2. Arrivée à Paris
LA VIE COMME ELLE VA

4 - Écoutez et répondez

a – Qu'est-ce qu'elles prennent ?
Elles prennent ....

b – Dans votre pays, les taxis coûtent cher ?
....

c – Et l'autobus ?
....

d – Vous voyagez dix heures en avion. Vous êtes :
☐ en forme ☐ fatiguée ☐ fatigué.

PHONÉTIQUE

Les sons [a], [ɛ], [i]
1 – Écoutez, prononcez.
2 – À vous !
Demandez du lait à l'hôtesse.
Demandez à monsieur Angebeau s'il est français.
Demandez à Claudine si elle parle anglais.

Les sons [ɛ] et [e]
1 – Écoutez, prononcez.
2 – Marquez si vous entendez [ɛ] ou [e]
   a [e] – b [é] – c [è] – d [e] e – [e] – f [è]
3 – Écoutez, dites la phrase complète.
4 – Écoutez et complétez le dialogue :

LUI : Vous connaiss..ez.. Paris ?
ELLE : Très bien.
LUI : Vous habit..ez.. à Paris ?
ELLE : J'habite à Berlin, monsieur.
LUI : Vous êtes allemande ? Vous parl..ez.. bien français !
ELLE : Mon fils Karl habit..e.. à Paris.
LUI : Ah ! Vous av..ez.. un fils !
ELLE : Un, non ! Deux, monsieur. J'ai deux fils et une fille.
LUI : Mais vous paraiss..ez.. très jeune.
Vous êtes très belle.

Les compliments
1 – Regardez.
2 – Faites un compliment à un(e) camarade de classe !

Toujours aussi belle ! Toujours aussi jeune !

Toujours aussi beau !
Toujours aussi jeune !

2. Arrivée à Paris
PENDANT CE TEMPS-LÀ

Antonio Silva arrive à l'hôtel

1 - Regardez et lisez

Antonio paie le taxi ...

... avec sa carte de crédit.

2 - Répondez

a - Qui voyez-vous ?
 - Je vois M. Silva et ....

b - Le chauffeur est jeune ou âgé ?
....

c - Quel âge lui donnez-vous ?
 - Il a .... ans.

d - Antonio Silva paie avec sa carte de crédit.
 Vous avez une carte de crédit ? Si oui, laquelle ?
....

3 - Écoutez et répondez

Écoutez la conversation d'Antonio Silva et du chauffeur de taxi.
Répondez :

a - Antonio Silva paie combien ?
 - Il paie .... euros.

b - Combien il paie pour sa valise ?
.... euros.

c - Le compteur du taxi marque combien ?
.... euros.

4 - Réécoutez et reconstituez le dialogue avec l'intonation

— Je vous dois...
— ..., 37 euros...
— Mais, c'est marqué...
— Oui, mais ... une valise !
— Bien sûr, ... une valise. Voilà, ... Pour moi et ma ...
— Parfait...

5 - Observez et lisez

L'euro : les pièces et les billets.

Le verbe *devoir*
je dois
tu dois
il, elle, on doit
nous devons
vous devez
ils, elles doivent

6 - Demandez combien vous devez

Vous avez deux billets de 100 € et 4 de 50 €.
Demandez combien vous devez :
a - à la boutique hors-taxe de l'aéroport.
b - au chauffeur de taxi.
c - au chauffeur du bus pour Montparnasse.
Imaginez les réponses.

2. Arrivée à Paris
PENDANT CE TEMPS-LÀ

À la réception de l'hôtel Mirage

1 - Regardez et lisez

Antonio Silva à la réception de l'hôtel Mirage.

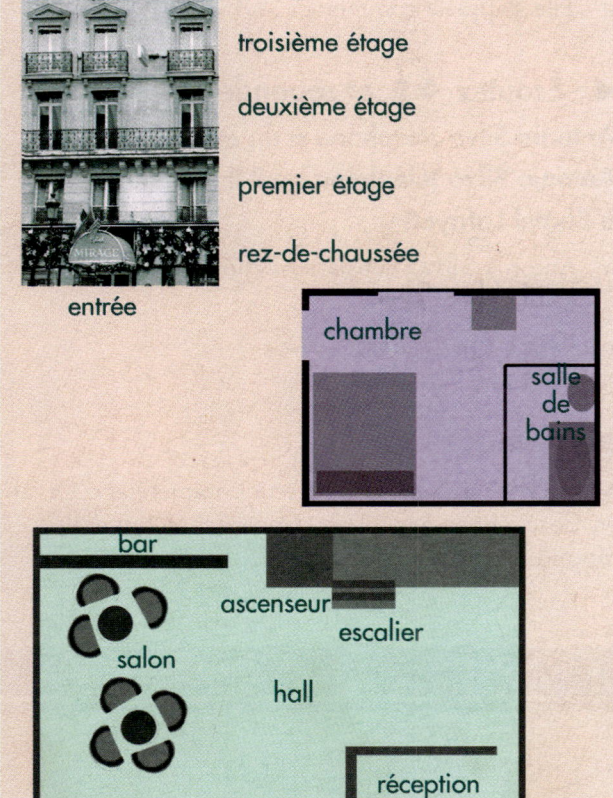

troisième étage
deuxième étage
premier étage
rez-de-chaussée
entrée

chambre — salle de bains

bar — ascenseur — escalier
salon — hall — réception

— Vous avez une réservation ?
— J'ai une réservation.
— Chambre 412.
— Voici votre clé.
— Vous avez une carte de crédit ?
— J'ai une carte de crédit.

4 - Écoutez la conversation et répondez

a - Comment s'appelle le réceptionniste de l'hôtel Mirage ?
Il s'appelle _M. Chopin_
b - M. Chopin connaît M. Antonio Silva ? _Oui_
c - M. Silva a une réservation ? _Non_
d - M. Chopin lui donne une chambre ? _Oui_
e - Antonio Silva paie comment ? _____

5 - À vous !

Téléphonez à l'hôtel Mirage pour réserver une chambre.
Demandez une chambre à un lit ou à deux lits.
Demandez si vous pouvez payer avec une carte de crédit.

PHONÉTIQUE

Travaillez l'intonation

1 - Écoutez.
2 - Écoutez de nouveau et répétez.
3 - Écoutez et cochez :

Intonation	déclarative	interrogative	exclamative
a	☒	☐	☐
b	☐	☒	☐
c	☐	☐	☒
d	☐	☐	☒
e	☒	☐	☐
f	☒	☐	☐
g	☐	☒	☐

4 - Dites : *Je paie. - Je réponds. - Il sort. - Vous prenez un bus. - Elles parlent de moi.*
a - avec une intonation interrogative.
b - avec une intonation exclamative.
c - avec une intonation déclarative.

2 - Répondez

Vous êtes dans le hall de l'hôtel Mirage.
Dites où sont :

a - le bar.
b - l'escalier.
c - l'ascenseur.
d - la chambre 210.
Exemple : Le bar est là-bas, à gauche.

3 - À vous !

Imaginez la conversation entre Antonio Silva et le réceptionniste.
Voici des suggestions :

Antonio Silva téléphone

1 - Regardez la photo

Dans sa chambre, Antonio Silva téléphone.

2 - Lisez

Antonio Silva compose le 01 43 34 43 34. Il veut parler à madame Jacqueline Rives, directrice du Service commercial de la société Orval.

STANDARDISTE : Orval, bonjour !
ANTONIO SILVA : Bonjour madame. Je voudrais parler à madame Rives, s'il vous plaît.
LA STANDARDISTE : Un instant, je vous passe sa secrétaire.

3 - Écoutez et répondez

Qui répond ? La standardiste.

a - Antonio Silva voudrait parler à qui ? *Madame Rives*

b - Ce n'est pas possible. Pourquoi ? *Elle est en réunion*

c - Antonio Silva connaît la secrétaire de madame Rives ? *Oui*

d - Elle s'appelle comment ? *Mme Grandin*

4 - Écoutez et répondez

Antonio Silva téléphone à un ami.
Antonio Silva téléphone où ? Il téléphone à l'hôtel Lafayette.

a - Antonio Silva veut parler à qui ? *M. Yon Sun*

b - Ce n'est pas possible. Pourquoi ? ....

5 - A vous !

Monsieur Yon Sun est directeur commercial d'Orval en Corée. Imaginez : il est dans sa chambre et il répond à Antonio Silva.

Pour prendre contact au téléphone

1 - Écoutez et lisez

– Orval, bonjour !
– Bonjour, madame. Madame Rives, s'il vous plaît !

– Allô, hôtel Lafayette ?
– Oui, monsieur. En quoi puis-je vous aider ?

2. Arrivée à Paris
PENDANT CE TEMPS-LÀ

2 - Écoutez de nouveau et imitez

Imaginez la prise de contact entre :

A Hôtesse de l'agence de voyages Urbis.

B Ami de la secrétaire sur le boulevard Saint-Michel.

C Jeune homme dans un bureau.

D Touriste dans sa chambre d'hôtel.

E Secrétaire de la banque du Nord.

F Jeune fille à la terrasse d'un café.

Pour demander quelqu'un au téléphone

1 - Écoutez

2 - Lisez

a — Je voudrais parler à madame Rives, s'il vous plaît.
— Je suis désolée, monsieur Silva. Elle est en réunion.

— Je voudrais parler à monsieur Yon Sun.
— Je regrette, Monsieur. Monsieur Yon Sun ne répond pas, il est sorti, je pense.

3 - Imaginez les conversations entre A et F, B et C, E et D

Pour laisser un message sur un répondeur

1 - Lisez

Monsieur Gunther est à l'hôtel Bristol, chambre 604, et téléphone à son collègue de travail Henry Ducharme. Mais monsieur Ducharme n'est pas là. Monsieur Gunther laisse un message sur son répondeur.

2 - Écoutez le répondeur de M. Ducharme

3 - Imaginez le message de M. Gunther

4 - Lisez

La secrétaire de l'agence de voyages Urbis téléphone à madame Kostantinos : le directeur, monsieur Kouri, est désolé mais il ne peut pas la recevoir à 14 heures. Il propose 16 heures. Madame Kostantinos n'est pas là. La secrétaire laisse un message sur le répondeur.

5 - Écoutez le répondeur de Mme Kostantinos

6 - Imaginez le message de la secrétaire de l'agence de voyages Urbis

2. Arrivée à Paris
DÉCOUVREZ

Les éditions de l'Aigle noir

1 - Lisez l'annonce électronique des éditions de l'Aigle noir

Éditions de l'Aigle noir
Romans policiers

13, rue Lobineau 75006 PARIS
Tél. : 01 41 48 84 14 Fax : 01 41 48 84 13
Mél : aiglenoir@francenet

2 - Consultez votre dictionnaire et traduisez

édition : _____	aigle : _eagle_	noir : _black_
roman : _novel_	policier : _detective_	auteur : _author_
réviser : _review_	publier : _to publish_	
larmes : _tears_	lévrier : _greyhound_	

3 - Lisez, écoutez 🎧 et vérifiez

a - Lisez ce petit texte.

« Claudine travaille aux éditions de l'Aigle noir. Elle révise les textes des auteurs et prépare leur publication. Les éditions de l'Aigle noir publient des romans policiers. En 1999, elles ont publié la traduction française du roman roumain *Les Larmes du lévrier*. L'auteur de ce livre s'appelle Mika Grigorescu. C'est le frère de Robica. »

b - Lisez à voix haute ce texte et séparez d'une barre (/) chaque groupe rythmique :

Claudine/travaille/aux éditions de l'Aigle noir./

c - Écoutez et vérifiez vos réponses.

4 - Répondez

a - Vous lisez des romans policiers ?
Oui ☐   Non ☐   Jamais ☐

b - Vous connaissez un auteur de roman policier ? ....

c - Qui ? ....

5 - Lisez

En 1998, Claudine est allée à Bucarest. Là, elle a rencontré Mika Grigorescu. Ils ont préparé l'édition française des *Larmes du lévrier*. À cette occasion, Claudine a connu Robica.

2. Arrivée à Paris
DÉCOUVREZ

6 - Observez

Les compléments du verbe

Claudine a connu Robica.
Robica est arrivée à Paris.
Ce sont deux phrases. Elles sont constituées ainsi :
SUJET + VERBE + COMPLÉMENT

Certains verbes demandent un complément pour répondre à la question « QUI ? » ou « QUOI ? » Ce sont les verbes transitifs :
Claudine **a connu** qui ? → Robica.
Claudine **a connu** quoi ? → Bucarest.

D'autres verbes ne demandent pas ce type de complément. Ce sont les verbes **intransitifs** :
Robica **est arrivée** qui ? quoi ?
(= où ?)
→ à Paris.

Maintenant observez ces exemples :
Claudine est allée à Bucarest.
Claudine a rencontré Mika Grigorescu.
Le verbe **aller** est intransitif,
le verbe **rencontrer** est transitif.

7 - Indiquez

Indiquez d'une croix si les verbes suivants sont transitifs ou intransitifs.

Verbe	transitif	intransitif
préparer	✓	
réviser	✓	
publier	✓	
arriver		✓
demander	✓	
sortir		✓
lire	✓	
prendre	✓	
répondre		✓
faire	✓	

8 - Lisez et parlez

Robica téléphone à son frère pour lui dire :
— qu'elle est arrivée.
— qu'elle est allée aux Champs-Élysées.
— que Claudine l'a invitée au restaurant.

Imaginez le dialogue entre Robica et Mika.

Le passé composé

> **Le passé composé**
>
> Ce temps est appelé « composé » parce que il est composé :
> 1. du verbe *être* si le verbe conjugué est intransitif :
> Elle **est allée** à Bucarest.
> ou du verbe *avoir* si le verbe conjugué est transitif :
> Il **a écrit** *Les Larmes du lévrier*.
>
> 2. et du participe passé du verbe conjugué.

1 - Complétez

- connaître : Claudine .... Robica à Budapest, il y a trois ans.
- prendre : Robica .... l'avion pour venir à Paris.
- répondre : Mme. Rives .... à M. Silva.
- faire : M. Chopin .... l'impossible pour loger M. Silva.
- pouvoir : M. Silva .... avoir une chambre à l'hôtel Mirage.
- sortir : M. Yon Sun .... de l'hôtel Lafayette.

> **Les participes passés des verbes finissant en -er**
> arriver → arriv**é** ; demander → demand**é**
> Je **suis allé** à Budapest.
>
> **La plupart des participes passés des verbes finissant en -ir**
> sortir → sort**i**
> M. Yong Sun **est sorti**.
>
> **Les autres verbes ont des participes passés irréguliers**
> connaître → **connu** ; répondre → **répondu** ; pouvoir → **pu** ;
> devoir → **dû** ; prendre → **pris** ; faire → **fait** ; être → **été** ; avoir → **eu**

2 - Complétez

Bonjour. Je m'appelle Li Peng. Je **suis** arrivée à Paris, il y a deux semaines. Pour venir de Hong Kong, j' **ai** pris un avion de China Airlines. À l'aéroport de Roissy, j' **ai** demandé à l'hôtesse du bureau d'informations de me réserver une chambre à l'hôtel Mirage. Le réceptionniste **a** répondu que l'hôtel était complet. L'hôtesse m' **a** indiqué alors l'hôtel Lafayette. C'est cher mais c'est bien. On m' **a** donné la chambre 401. Là, vous pouvez me téléphoner.

3 - Énigme

a - On écrit :
Claudine est **allée** à Bucarest.
M. Yon Sung est **allé** à Tokyo.
M. et Mme Silva sont **allés** à Miami.
Vous pouvez expliquer l'énigme ? ....

b - On écrit :
M. Chopin a **téléphoné**.
Claudine aussi a **téléphoné**.
Les voyageurs ont **téléphoné**.
Et maintenant ? ....

Les mots pour le dire

2. Arrivée à Paris
Découvrez

On sort !

Pour demander un prix
– C'est combien ?
– Ça coûte combien ?
– Ça fait combien ?

Pour donner des indications
– Prenez ... !
– Ne prenez pas ... !
– Passez par les Champs-Élysées !
– Ne passez pas par la tour Eiffel !

Pour décider
– On va à pied !
– On ne prend pas un taxi !
– On sort !

Pour insister
– Je paie le champagne !
– Non, c'est moi qui paie le champagne !

Pour réserver une chambre d'hôtel
– Je voudrais réserver un chambre
  (à un lit / à deux lits).
– Je voudrais réserver pour deux nuits.
– Je voudrais réserver pour une semaine
  (du 10 au 14 mai).
– Quel est le prix d'une chambre ?

Pour téléphoner
– Allô ! Monsieur Yon Sun, s'il vous plaît !
– Madame Rives, s'il vous plaît !
– Attendez un instant, je vous le / la passe !
– Ça ne répond pas.
– Vous voulez laisser un message ?

2. Arrivée à Paris
DÉBROUILLEZ-VOUS

Choisissez un hôtel

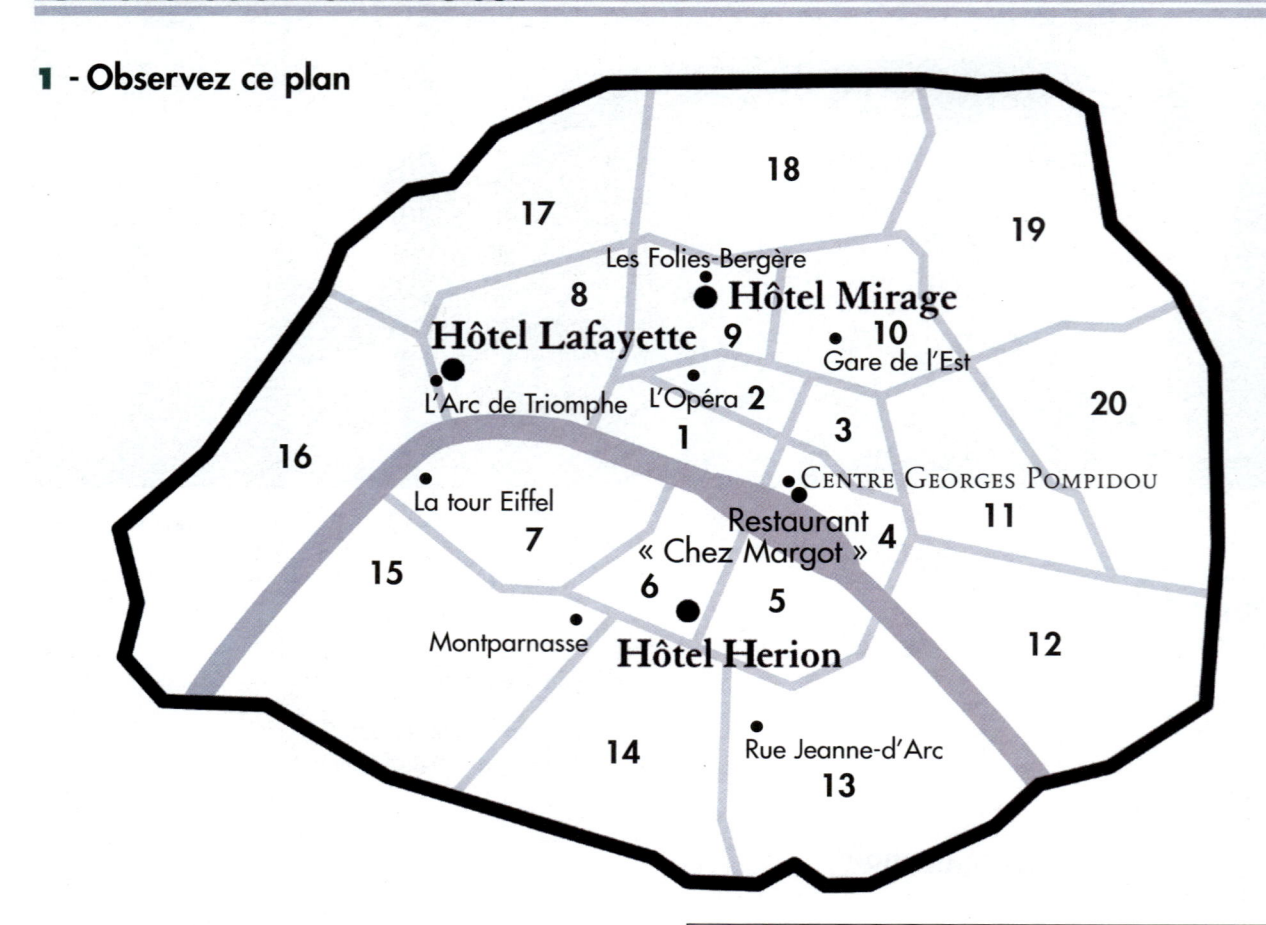

1 - Observez ce plan

[Carte de Paris avec les lieux numérotés de 1 à 20 : 1. L'Opéra, 2, 3, 4. Centre Georges Pompidou / Restaurant « Chez Margot », 5, 6. Hôtel Herion, 7. La tour Eiffel, 8. Hôtel Lafayette / L'Arc de Triomphe, 9. Les Folies-Bergère / Hôtel Mirage, 10. Gare de l'Est, 11, 12, 13. Rue Jeanne-d'Arc, 14, 15, 16, 17, 18, 19, 20 (Montparnasse)]

2 - Lisez

Voici les annonces électroniques de trois hôtels :

Hôtel Herion *

Le confort à bon prix

Chambres tout confort de 70 à 80 euros
8 bd de Port Royal 75006 PARIS
Tél. : 01 43 43 43 44
Télécopie : 01 44 44 44 43
Mél : hotelherion@francenenet

Hôtel Lafayette **

À deux pas de l'Arc de Triomphe

16, rue Balzac 75008 PARIS
Tél. : 01 45 46 47 48
Télécopie : 01 48 49 59 50
Mél : hlafayette@yahoo.com

Hôtel Mirage *

Paris est une fête ; nos prix sont une merveille !

24, rue Bergère 75009 PARIS
Tél. : 01 42 56 78 98
Télécopie : 01 42 45 67 89
Mél : miragehotel@yahoo.com

---

3 - Comparez

	Hôtel Lafayette	Hôtel Herion	Hôtel Mirage
Localisation :	....	....	....
Confort :	....	....	....
Prix :	....	....	....

4 - À vous !

a – Vous allez à Paris, pour quelques jours. Vous choisissez quel hôtel ?
b – Vous arrivez à la réception de l'hôtel choisi. Imaginez le dialogue.

Marek et Pablo

2. Arrivée à Paris
DÉBROUILLEZ-VOUS

1 - Faites leur connaissance

Nom : WIESZ
Prénom : Marek
Nationalité : Polonais
Date de naissance : le 18-04-1963
Fonction : Directeur commercial d'Orval Pologne

Nom : REVUELTAS
Prénom : Pablo
Nationalité : Mexicain
Date de naissance : le 12-09-1968
Fonction : Directeur commercial d'Orval Mexique

2 - Complétez

Marek Wiesz et Pablo Revueltas se connaissent. Ils sont amis. Les deux sont à l'hôtel Herion (8, boulevard de Port-Royal).
Complétez leur histoire :

Marek WIESZ
Chambre : *40 211*
Heure d'arrivée à l'hôtel : *midi*
De Varsovie à Paris en : *train*
De la gare de l'Est à l'hôtel en : *taxi*

Pablo REVUELTAS
Chambre : *41 212 302*
Heure d'arrivée à l'hôtel : *18.00*
De Mexico à Paris en :
De l'aéroport de Roissy à l'hôtel en : *taxi*

3 - À vous !

a – Marek et Pablo se rencontrent dans le hall de l'hôtel. Imaginez ce qu'ils disent.

b – Marek propose à Pablo d'aller dîner au restaurant « Chez Margot » près du centre Georges Pompidou. Ils vont en métro ou en taxi ? Imaginez leur discussion.

c – Marek et Pablo ont fini de dîner. Du restaurant à l'hôtel, ils prennent un taxi.
Au départ, Marek parle au chauffeur. Imaginez le dialogue.
À l'arrivée, Pablo paie le taxi. Imaginez.

d – Pablo a une sœur, Carmen. Elle est mariée avec un Français. Carmen et son mari habitent Nice. Pablo leur annonce par mél son arrivée à Paris. Imaginez son message.

3. Itinéraires
LA VIE COMME ELLE VA

Séminaire « Produits nouveaux d'Orval »

1 - Lisez

Les directeurs commerciaux d'Orval ont reçu un dossier. Ils y ont trouvé le plan du RER.

2 - Observez le plan et lisez

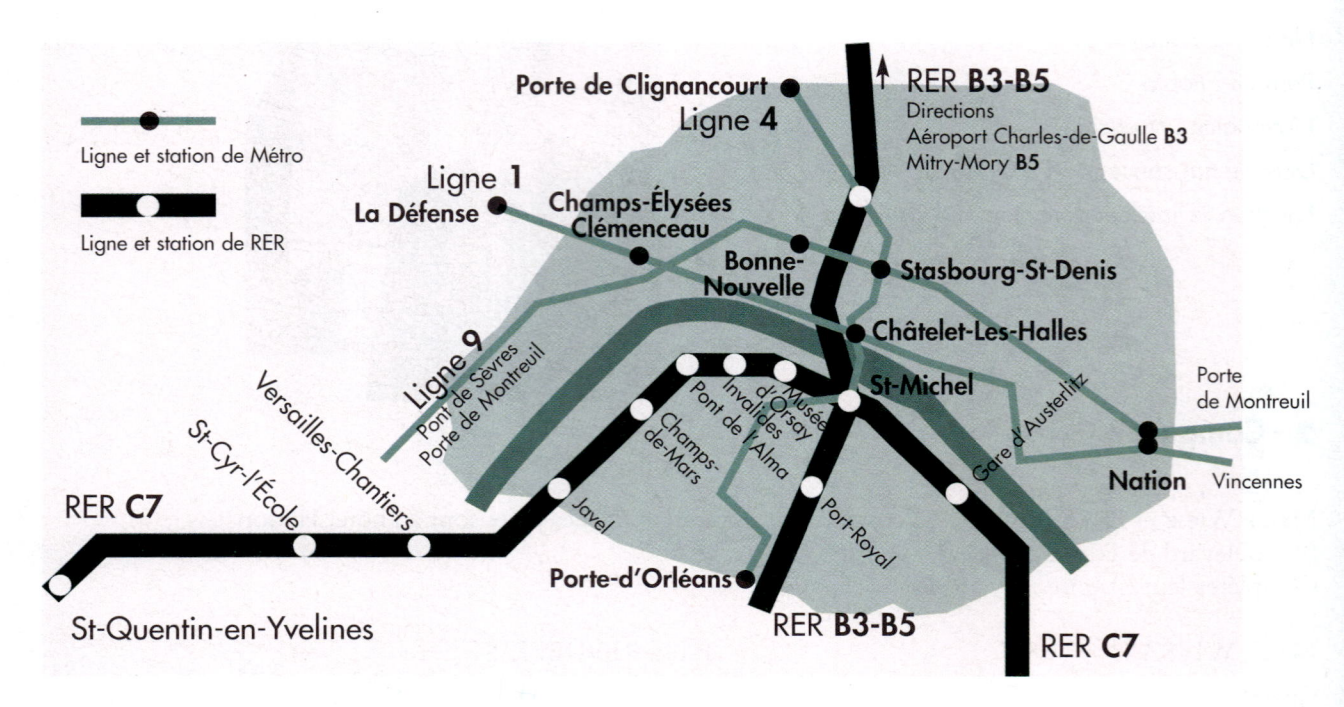

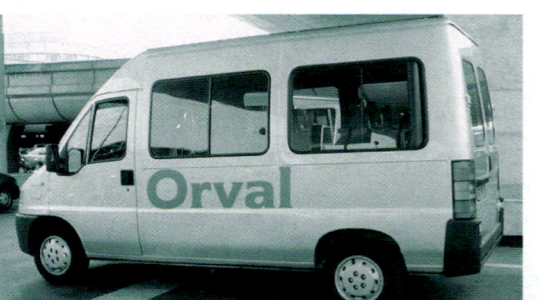

Pour se rendre au Bois d'Orval :

1. Prendre le RER ligne C7 direction Saint-Quentin-en-Yvelines.
2. Descendre à la station Saint-Cyr-l'École.
3. Prendre la navette d'Orval.
(Si la navette n'est pas là, attendre.)

La navette d'Orval.

3. Itinéraires
LA VIE COMME ELLE VA

3 - Complétez

a- La ligne C7 du RER est en bas à gauche :
La station **Saint-Cyr** est entre .... et ....

Citez trois stations où on peut prendre le RER C7 à Paris.
Aux stations ...., ... et ...., on prend le RER C7.

b- MM. Wiesz et Revueltas sont à l'Hôtel Herion (8, boulevard de Port-Royal).
Ils vont prendre le RER ligne B3 ou B5 à la station **Port-Royal**.
Pour prendre la ligne C7, où est-ce qu'ils vont changer ? ....

c - M. Yon Sun est à l'hôtel Lafayette (16, rue Balzac).
Il va prendre le métro **Champs-Élysées-Clemenceau**.
Où est-ce qu'il va prendre la ligne C7 ?
....
À **Champs-Élysées-Clemenceau**, quelle direction du métro est-ce qu'il va prendre ? ....

d - M. Silva est à l'hôtel Mirage (24, rue Bergère).
La station de métro la plus proche, c'est **Bonne-Nouvelle**.
Pour prendre la ligne C7 à la station **Saint-Michel**, il doit prendre le métro direction ...., changer à .... et prendre la ligne 4 jusqu'à ....

4 - Écoutez et complétez

M. Chopin rappelle son itinéraire à M. Silva. Maintenant notez les verbes utilisés par M. Chopin pour expliquer l'itinéraire de M. Silva en métro et en RER.

À **Bonne-Nouvelle**, vous _prenez_ la ligne 9.
Vous _descendez_ à **Strasbourg-Saint-Denis**.
Là, vous _changez_.
Vous _prenez_ la direction **Porte d'Orléans**.
Vous _descendez_ à **Saint-Michel**.
Là, vous _avez_ la ligne C7 du RER.

5 - À vous !

Imaginez maintenant l'explication que donne le receptionniste de l'hôtel Lafayette à M. Yon Sun sur son itinéraire en métro et en RER pour aller à Saint-Cyr.

Le métro, c'est facile !

Pour vous rendre :
au Louvre,
à la Bastille,
à l'Opéra…

Prenez la ligne 11 !
Changez à Châtelet !
Descendez à Opéra !

Le pronom y

{ Une navette vous attendra **à la station Saint-Cyr-l'École**.
Une navette vous **y** attendra.

{ Vous allez **à l'usine d'Orval** ?
Oui, j'**y** vais.

La société Orval

1 - Observez

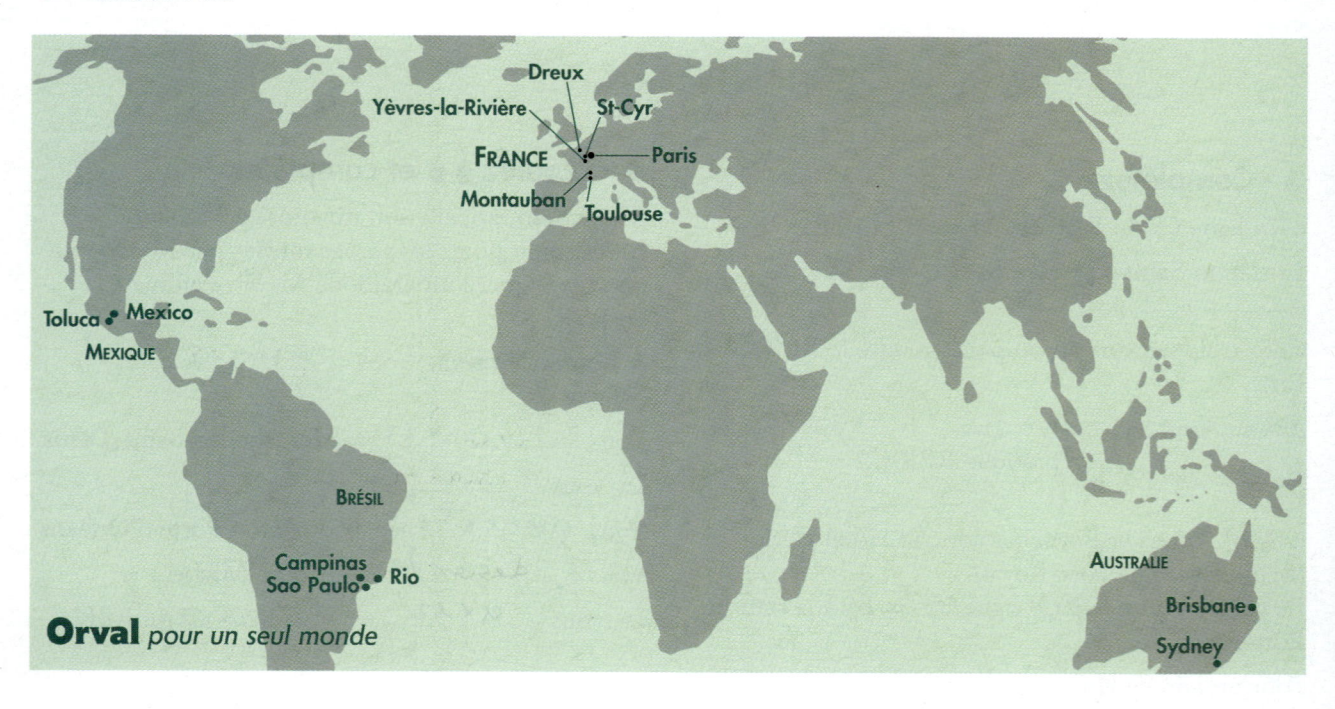

Orval pour un seul monde

(Carte: Toluca, Mexico (MEXIQUE); Campinas, Sao Paulo, Rio (BRÉSIL); Dreux, Yèvres-la-Rivière, St-Cyr, Paris, Montauban, Toulouse (FRANCE); Brisbane, Sydney (AUSTRALIE))

2 - Lisez

M. Silva est dans sa chambre de l'hôtel Mirage.
Il consulte sa messagerie électronique. Il y trouve un message de sa secrétaire. Elle lui demande de consulter la page Internet de la société Orval.
Il se branche, ouvre la page.
La page est accompagnée d'un enregistrement qui présente la société Orval sur Internet.

3 - Traduisez
(consultez votre dictionnaire)

messagerie : *parcels office service*
modification : *modification*
se brancher : *connected*
enregistrement : *recording, registration*
usine : *factory*
marché : *walk, journey, progress* — *trading centre*
cheveux : *hair*
repousser : *push away*
engrais : *fertiliser, manure*
Bourse : *Stock Exchange*

4 - Écoutez et testez votre mémoire

Est-ce que vous vous souvenez de :

— l'année de fondation de la société Orval ?
....

— l'année de la découverte de la GNV8 ?
1986

— l'année de la cotation d'Orval au Second Marché de la Bourse de Paris ? *1998*

5 - Écoutez de nouveau et vérifiez vos réponses

6 - Répondez

Orval fabrique son engrais non polluant dans cinq usines. Ces usines sont dans quatre pays :
1. .... 2. ....
3. .... 4. ....

3. Itinéraires
LA VIE COMME ELLE VA

7 - À vous !

Votre pays est dans quel continent ?
Par rapport à la France, il est :
au Nord ?
au Sud ?
à l'Est ?
à l'Ouest ?
au Nord-Est ?
au Nord-Ouest ?
au Sud-Est ?
au Sud-Ouest ?

8 - Expliquez

Situez les villes qui ont une usine Orval. Pour cela, utilisez les mots suivants :
à côté de – près de – au nord de – au sud de – à l'est de – à l'ouest de.
Consultez la carte de France page 124 et à la fin de votre livre et le planisphère ci-contre.

Dreux (par rapport à Paris).
Dreux est près de Paris.
a - Montauban (par rapport à Toulouse).
b - Orléans (par rapport à Paris).
c - Toluca (par rapport à Mexico).
d - Brisbane (par rapport à Sidney).
e - Campinas (par rapport à São Paulo).

9 - Observez les publicités

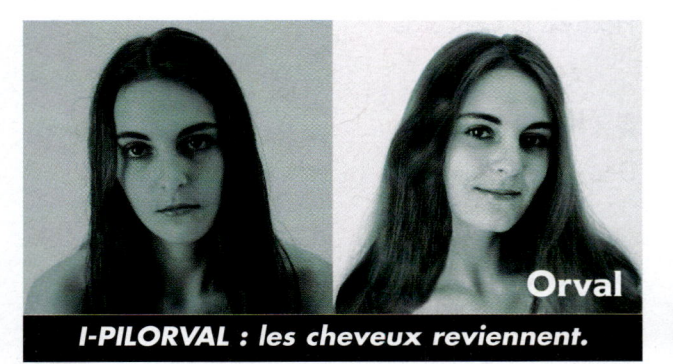

I-PILORVAL : les cheveux reviennent. Orval

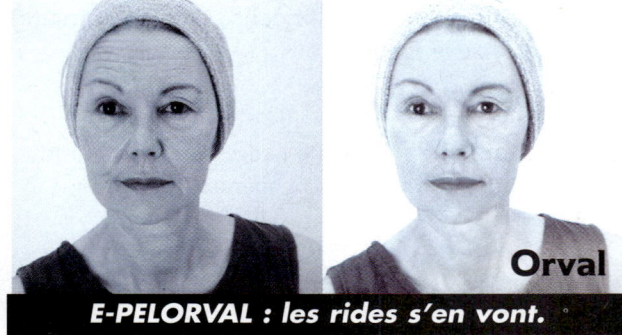

E-PELORVAL : les rides s'en vont. Orval

Des cheveux magnifiques !

À ton âge, pas une ride !

Des questions utiles

Où se trouve le musée d'Orsay ?
C'est loin d'ici ?
C'est à côté de Notre-Dame ?
C'est près de la station du métro ?
Quelle est la station de métro /
ou de RER la plus proche ?
C'est à gauche ?
Le restaurant « Chez Margot », c'est à droite ?
C'est entre l'Opéra et le Louvre ?

Le rendez-vous manqué

1 - Lisez

`11 h 00`

Dans sa boîte aux lettres électronique, Antonio Silva a un autre message :
« Rappelez-vous que "la Comtesse" vous attend le lundi à midi au restaurant La Convention. »

2 - Écoutez 🎧 ce que pense Antonio Silva

3 - Répondez

a - Antonio Silva a un rendez-vous. Avec qui ?
....
b - Comment est-ce que sa secrétaire désigne cette dame ? Elle l'appelle .... (consultez la signification de ce mot dans votre dictionnaire)
c - Où est fixé le rendez-vous ? ....
d - Quel jour ? ....
e - À quelle heure ? ....
f - Est-ce qu'Antonio Silva a l'adresse du restaurant « La Convention » sur son agenda électronique ?
....

4 - Lisez

`11 h 05`

Antonio Silva consulte l'annuaire électronique de l'hôtel. Il lit :

> **LA CONVENTION**
> *Une cuisine révolutionnaire*
> Claire Clermont
> chef de cuisine
> 44, rue de la Convention 75015 - Paris
> (près du métro Convention)
> Tél. : 01 42 17 89 95
> Mél : laconvention@lemel.fr

`11 h 10`

Le rendez-vous est à midi au restaurant « La Convention ».

> **La circulation impossible**
> – Par Saint-Germain, c'est difficile.
> – Par le pont de la Concorde, c'est interdit.
> – Par le pont du Carroussel, c'est bouché.
> – Traverser Paris, à cette heure-ci, c'est tellement compliqué !

Place de la Concorde.

5 - Répondez

D'après vous, M. Silva va prendre ....

6 - Écoutez 🎧 et complétez

`11 h 32`

Écoutez ce que fait M. Silva.
Le chauffeur propose deux itinéraires :

— premier itinéraire :
....

— deuxième itinéraire :
....

Dans les deux cas, ils doivent traverser *La Seine*.
Traverser Paris, à cette heure-ci, c'est une folie !

7 - Écoutez 🎧 et répondez

`12 h 02` Place de la Concorde

Une demi-heure plus tard, où est M. Silva ?
....

8 - Écoutez 🎧

`12 h 22` Place de la Concorde

Et vingt minutes plus tard ? ....

3. Itinéraires
LA VIE COMME ELLE VA

9 - Récapitulez

Heure	Lieu
à 11 h 10 :	....
à 11 h 32 :	....
à 12 h 02 :	....
à 12 h 22 :	....

10 - À vous !

`12 h 23`

Une minute plus tard, Mme Jacqueline Rives appelle M. Silva. Imaginez leur conversation.

Les 12 mois :
janvier, février, mars, avril, mai, juin, juillet, août, septembre, octobre, novembre et décembre.

Les 7 jours de la semaine :
lundi, mardi, mercredi, jeudi, vendredi, samedi et dimanche.

La journée :
– Le matin : de 8 h 00 à 12 h 00.
– Le midi : de 12 h 00 à 14 h 00.
– L'après-midi : de 14 h 00 à 18 h 00.
– Le soir : de 18 h 00 à 24 h 00.

Si M. Silva arrive à midi au restaurant, **il est à l'heure.**
Si M. Silva arrive à midi moins le quart au restaurant, **il est en avance.**
Si M. Silva arrive à midi cinq au restaurant, **il est en retard.**
Mais s'il arrive au restaurant à midi et demi, **il sera très en retard.**

Pour donner un rendez-vous

Rendez-vous	Où ?	Quel jour ?	À quelle heure ?
	chez le dentiste	le mercredi 14	à 14 h 30

L'heure c'est l'heure

L'heure officielle	Il est onze heures (juste).	Il est onze heures quinze.	Il est onze heures trente.	Il est onze heures quarante.	Il est onze heures quarante-cinq.
L'heure familière	Il est onze heures.	Il est onze heures et quart.	Il est onze heures et demie.	Il est midi moins vingt.	Il est midi moins le quart.

Et aussi… 12 h 00 : il est douze heures = il est midi.
24 h 00 : il est vingt-quatre heures = il est minuit.

3. Itinéraires
PENDANT CE TEMPS-LÀ

Robica prépare sa journée

1 - Observez et lisez

Robica est dans l'appartement de Claudine. Elle est seule ; Claudine est à son travail.
Robica prend son petit-déjeuner. À la télévision, c'est la fin du journal de 8 h 00.
Le téléphone sonne. Robica répond.

2 - Écoutez et répondez

a - Qui téléphone ? ....
b - Où est Claudine ? ....

3 - Programme de Robica aujourd'hui

Le matin : visite de *Notre Dame* et du musée de *musée de Cluny*.

Le midi : film de Mohamed Kaled :
La nuit d' Octobre

L'après-midi : rendez-vous à quatre heures avec Martine au *café du Luxembourg*.

Le soir : rendez-vous à six heures avec Claudine au *café Mabillon*.

4 - Écoutez la prise de contact de Claudine au téléphone et regardez

dormir — se réveiller

se lever — prendre son petit-déjeuner

5 - À vous !

a - Vous dormez, de quelle heure à quelle heure ?
....
b - Vous vous réveillez à quelle heure ?
....
c - Vous vous levez à quelle heure ?
....
d - Vous prenez votre petit-déjeuner chez vous ? au café ? au restaurant ? ....

3. Itinéraires
PENDANT CE TEMPS-LÀ

6 - Regardez et lisez

07 h 00	08 h 00	12 h 30	20 h 00	22 h 00
	le petit-déjeuner	le déjeuner	le dîner	
Il se lève à 7 h 00.	Il prend son petit-déjeuner à 8 h 00.	Il déjeune à 12 h 30.	Il dîne à 20 h 00.	Il se couche à 22 h 00.

7 - Quel est le programme de votre journée ?

08 h 00 : *Je se leve*
09 h 00 : *Je mange petit dejeuner.*
10 h 00 : ....
11 h 00 : ....
12 h 00 : ....
13 h 00 : ....
14 h 00 : ....
15 h 00 : ....
16 h 00 : ....
17 h 00 : ....
18 h 00 : ....
19 h 00 : ....
20 h 00 : ....

8 - Écoutez et lisez

Claudine commente le programme de la journée de Robica :
— CLAUDINE : Mais tu n'as pas un rendez-vous ?
— ROBICA : Si.
— CLAUDINE : Mais, si tu vas au ciné...
— ROBICA : Ça ira.
— CLAUDINE : Bien... Bon courage, ma chérie.

9 - À vous !

Commentez le programme de la journée d'un(e) collègue de votre classe.

Vous allez travailler ? Oui, je vais travailler à ....

Vous n'allez pas déjeuner ? Si, je vais déjeuner à ....

PHONÉTIQUE

Les sons [œ] et [ø]
a - Écoutez. Répétez.
b - Prononcez [œ], [ø].
c - Notez si vous entendez [œ] ou [ø] :

	[œ]	[ø]
1	☐	☐
2	☐	☐
3	☐	☐
4	☐	☐
5	☐	☐
6	☐	☐
7	☐	☐

d - Écoutez. Reprenez les questions pour insister :
Exemple : *Vous prenez deux déjeuners ?*
→ *Est-ce que vous prenez deux déjeuners ?*

Un quartier de Paris

1 - Lisez et regardez le plan

À la sortie du musée de Cluny, Robica a pris la rue des Écoles à gauche. Elle ne trouve pas le boulevard Saint-Michel. Elle demande à un passant. Imaginez sa question :

....

2 - Écoutez 🎧 et répondez

Maintenant écoutez ce qu'elle dit. Pour lui dire qu'elle n'a pas pris la bonne direction, le passant répond :

☐ Ce n'est pas par là. ☐ Ce n'est pas là.

La réponse du passant a combien de syllabes ?
☐ 3   ☐ 4   ☐ 5

Prononcez-la pour vérifier. Accompagnez votre répétition d'un geste.

3 - Lisez et complétez

Robica est maintenant à l'angle de la rue des Écoles et du boulevard Saint-Michel.
Là, elle demande à une dame la rue de Médicis. Consultez le plan et imaginez les indications de la dame :

— Prenez .... direction ....

— À droite c'est ....

Elle est .... du jardin du Luxembourg.

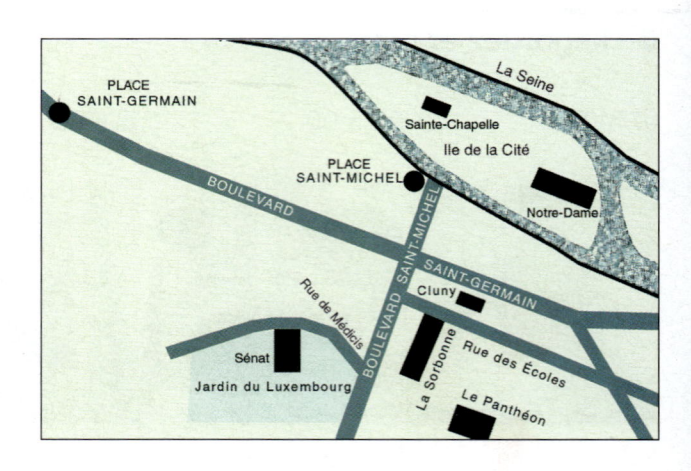

4 - Écoutez 🎧 et répondez

Maintenant, écoutez ce qu'a dit la dame à Robica. Avec les indications de la dame, est-ce que Robica peut aller rue Médicis ?

....

> **Erreur d'itinéraire**
> Ce n'est pas par là !
> Il faut faire demi-tour.

5 - Complétez les lignes

Robica demande alors à un jeune homme. Recopiez les répliques suivantes sous la photo correspondante.

a - Pardon, monsieur, la rue de Médicis, s'il vous plaît.
b - Je vais vers la Seine.
c - La rue de Médicis ? Venez avec moi. J'y vais.

1   2   3

3. Itinéraires
PENDANT CE TEMPS-LÀ

6 - Écoutez 🎧 et lisez

Martine reconnaît Robica qui l'attend au café du Luxembourg.
Martine s'excuse : « Excuse-moi ! »
Robica proteste : « Mais tu es à l'heure ! »

> **Vous**
> se dit si deux personnes ne se connaissent pas ou pour marquer le respect.
> **Tu**
> marque l'amitié ou la familiarité.

7 - Lisez, écoutez 🎧 et répondez

1 - Quelle heure est-il ?
2 - Vous avez l'heure, s'il vous plaît ?
3 - Vous savez quelle heure il est ?
4 - L'heure, c'est l'heure.
5 - Déjà quatre heures !

Laquelle exprime :
☐ l'autorité ?   ☐ le reproche ?
☑ la panique ?   ☐ la gentillesse ?
☐ la surprise ?

Utilisez votre dictionnaire pour comprendre ces mots.

Imitez ces intonations avec la phrase : « C'est l'heure. »

8 - Lisez, écoutez 🎧 et parlez

a - Lisez :
Robica a déjà commandé un café. Martine parle au garçon.

b - Écoutez :
« J'ai déjà mangé deux crêpes. »

c - Dites les phrases suivantes avec l'intonation nécessaire :
La surprise : « Tu es déjà là ! »
Le reproche : « Tu as déjà pris sept chocolats ! »
La gentillesse : « Vous avez déjà fini ? »
Le regret : « Déjà ! »

9 - Écoutez 🎧 et complétez

a - Écoutez la suite du dialogue entre Martine et Robica.
b - Écoutez de nouveau le dialogue :
Est-ce qu'elle a une robe pour sortir le soir ?

....

Est-ce qu'elle peut acheter beaucoup de vêtements ?

....

Est-ce qu'elle veut acheter beaucoup de vêtements ?

....

Là, vous avez **tout ce qu'il faut** pour être belle.

Ici, **tout ce qu'il faut** pour votre ordinateur.

10 - Lisez et complétez

Quelle est la réponse de Robica, si on lui demande :

a - Robica, vous n'allez pas à Notre-Dame aujourd'hui ? ....

b - Robica, vous allez au musée de Cluny ?
....

c - Robica, vous allez voir *La nuit d'Octobre* ?
....

d - Robica, vous ne déjeunez pas ? ....

> **Quand *si* est *oui* :**
> Vous venez ? – Oui !
> Vous ne venez pas ? – Si !

3. Itinéraires
DÉCOUVREZ

Le futur

1 - Regardez

La Sainte Chapelle.

La tapisserie de la Dame à la Licorne.

Notre-Dame de Paris.

2 - Écoutez 🎧

Robica raconte sa journée à Claudine.

3 - Complétez

À partir de ces éléments de leur conversation, reconstituez oralement ce qu'elles se disent :

— Non, ce n'est pas vrai ! ....
  et ...., tout ça en une matinée !
  Ce n'est pas possible !

— Si ! .... et ....,
  c'est parfaitement possible.

— Et .... d'un endroit à l'autre ?

— Tu sais, ... très vite.

— Quand même !

— Et puis, c'est un ....
  À ...., je ne suis pas montée sur la tour. J'y retournerai. Je .... assister à un concert d'orgue.
  Au musée, ... juste vu la tapisserie de la Dame à la Licorne. J'y retournerai.

— Oui, ..., bien sûr !

4 - Reconnaissez l'insistance 🎧

a – Écoutez les phrases.
b – Réécoutez-les et marquez le numéro correspondant :

	série A	série B	série C
neutre	1	......	......
fort	3	......	......
très fort	2	......	......

5 - À vous !

Reprenez les phrases suivantes en insistant plus ou moins :
a – C'est beau.
b – La Défense, c'est loin.
c – À pied, c'est fatigant.
d – I-Pilorval, c'est efficace.
e – E-Pelorval, c'est nul.
f – Par le pont de la Concorde, c'est stupide.

6 - Pour vous justifier

Robica justifie ses visites rapides de Notre-Dame ou de Cluny.
Elle dit : Et puis, c'est un premier contact.

a – Vous ne pouvez pas aller au cinéma, vous avez un rendez-vous.
Vous expliquez : ....

b – Vous ne dites pas « tu » à Martine, vous ne la connaissez pas.
Expliquez-le : ....

3. Itinéraires
DÉCOUVREZ

c - Vous ne pouvez pas acheter une robe du soir, vous n'avez pas d'argent.
Vous vous justifiez : ....

Finalement pour justifier votre étude du français, dites : « Et puis, j'aime ça ! »

7 - Lisez

M. AntonioSilva est arrivé à Paris le dimanche 17 mai. Il va y séjourner un peu plus d'une semaine. Il doit rentrer à Rio le 24.
M. Marek Wiesz est venu de Varsovie à Paris en train. Il est arrivé le 16. Il **repartira** le samedi 23 en avion.
M. Pablo Revueltas est à Paris depuis le 15. Quand le Séminaire Produits Nouveaux d'Orval **finira**, il **ira** voir sa sœur Carmen à Nice. Il y **passera** le week-end. Il **rentrera** à Mexico le lundi 25.
M. Yon Sun est arrivé de Séoul le vendredi 15 mai. Il y **retournera** le samedi 23.

8 - Observez et répondez

a - Regardez les verbes écrits en caractère gras :
— il **repartira**, c'est le verbe **repartir** au futur ;
— il **rentrera**, c'est le verbe **rentrer** au futur ;
— il **ira**, c'est le verbe .... au futur.
Quel est la marque du futur avec **il** ?
....

b - Rappelez-vous, Robica a dit : « J'y retournerai. »
Je retournerai, c'est le verbe .... au futur.
Quelle est la marque du futur avec **je** ?
....

Le futur
Observez le verbe *prendre* au futur :
Demain, je partir**ai**/je prendr**ai** l'avion pour Rome.
tu prendr**as**
il prendr**a**
elle prendr**a**
on prendr**a**
nous prendr**ons**
vous prendr**ez**
ils prendr**ont**
elles prendr**ont**

9 - Complétez

Pouvez-vous compléter le texte suivant avec les verbes *passer, visiter, monter, prendre* ?
Robica explique :

Demain, je .... le musée du Louvre.
J'y .... la journée. Après-demain, je .... au troisième étage de la tour Eiffel ; ensuite, je .... quelques heures à Montmartre et à six heures de l'après-midi, je .... l'apéritif au 54e étage de la tour Montparnasse. Ce sera la journée des panoramas.

10 - À vous !

Et vous, qu'est-ce que vous ferez demain ?

Récapitulons

je suis allé (e)	je viens d'aller	je vais	je vais aller	j'irai
passé composé	passé récent	présent	futur proche	futur

Demain

1 - Observez

Aujourd'hui plus qu'**hier** et moins que **demain**.

Attention ! certains verbes présentent des particularités :

– **être** : je serai, tu seras, il/elle/on sera, nous serons, vous serez, ils/elles seront.
– **avoir** : j'aurai, tu auras, il/elle/on aura, nous aurons, vous aurez, ils/elles auront.
– **aller** : j'irai, tu iras, il/elle/on ira, nous irons, vous irez, ils/elles iront.
– **faire** : je ferai, tu feras, il/elle/on fera, nous ferons, vous ferez, ils/elles feront.
– **voir** : je verrai, tu verra, il/elle/on verra, nous verrons, vous verrez, ils/elles verront.
– **vouloir** : je voudrai, tu voudras, il/elle/on voudra, nous voudrons, vous voudrez, ils/elles voudront.

2 - Lisez

Hier, Robica est allée à Notre-Dame.
Aujourd'hui, elle va à la tour Eiffel.
Demain, elle ira au théâtre.

3 - Lisez, observez et prononcez

Demain, je prendrai l'avion pour Rome.
tu prendras l'avion pour Bucarest.
il prendra l'avion pour Berlin.
elle prendra l'avion pour Madrid.
on prendra l'avion pour Varsovie.
nous prendrons l'avion pour Londres.
vous prendrez l'avion pour Lisbonne.
ils prendront l'avion pour Vienne.
elles prendront l'avion pour Athènes.

4 - Complétez au futur

Demain, Pablo (partir) .... pour Nice. Il y (voir) .... sa sœur Carmen. Il (retrouver) .... aussi Jean-Luc Gaillard, le mari de sa sœur. Pablo (prendre) .... le train de 10 h 32. Il (être) .... à Nice une heure plus tard. Carmen l'(attendre) .... à la gare.

5 - Répondez

Où serez-vous demain à 17 h 00 ?
....

Et après-demain ? ....

L'évolution

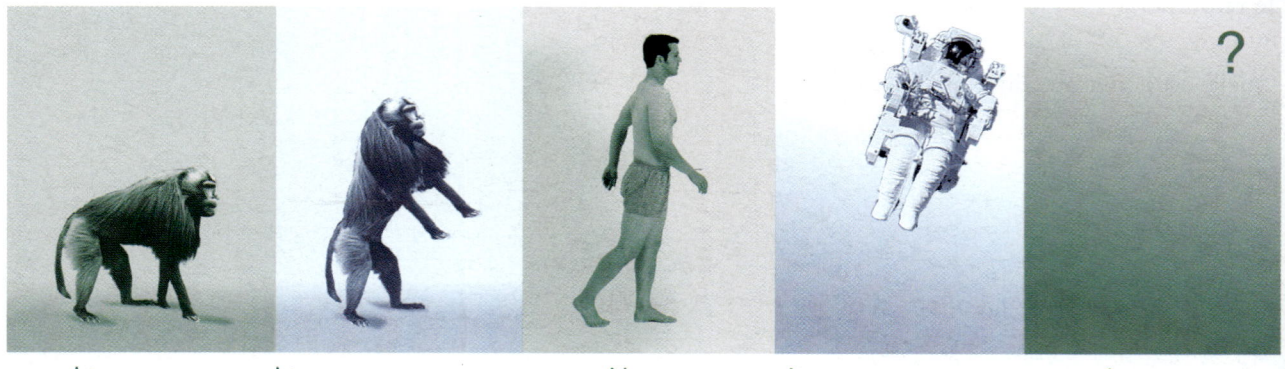

avant-hier   hier   aujourd'hui   demain   après-demain

Les mots pour le dire

3. Itinéraires
DÉCOUVREZ

Pour prendre le métro
- Prenez la direction de la Défense !
- Descendez à Châtelet !
- Changez à Charles-de-Gaulle-Étoile !

Pour donner une indication précise
- Il faut faire demi-tour.
- Il faut continuer tout droit.
- Il faut traverser la Seine.
- Il faut tourner à gauche.

Pour indiquer un chemin
- Allez tout droit !
- Allez vers la Seine !
- Prenez cette rue à gauche ! cette avenue-là ! la première à droite !
- Tournez à droite puis à gauche !
- Continuez tout droit !
- Traversez la place de la Concorde !

Pour signaler une erreur d'itinéraire
- Ce n'est pas par là !
- Ce n'est pas là.
- Faites demi-tour.

Pour prendre (donner) rendez-vous
- Lieu : On se retrouve à la sortie du métro Mabillon.
- au Café de la Paix.
- Heure : On se retrouve à 20 h 00.

Pour confirmer
- D'accord.
- Ça va.
- Ça ira.

Pour s'excuser
- Excusez-moi.
- Pardon.
- Je suis désolé(e).

Pour protester
- Mais j'ai pris rendez-vous !

Pour désigner ce qui est nécessaire
- J'ai tout ce qu'il faut pour préparer le dîner.

Pour se justifier
- Et puis, je ne parle pas français !

3. Itinéraires
DÉBROUILLEZ-VOUS

Accueillez madame Rives

1 - Complétez

Madame Rives vient dans votre ville.

a - Son hôtel :
Nom de l'hôtel : ....
Adresse : ....
Téléphone : ....
Mél. : ....
Nombre de chambres : ....
Prix des chambres : ....

	oui	non
Il y a un restaurant ?	☐	☐
une cafétéria ?	☐	☐
une piscine ?	☐	☐
des boutiques ?	☐	☐
un salon de coiffure ?	☐	☐
des salles de réunion ?	☐	☐

b - Son séjour :
Jacqueline Rives arrive le .... (date)
à .... (lieu)
à .... (heure)
par .... (moyen de transport).
Elle va rester à .... (votre ville)
.... (nombre de jours)
Après, elle ira à ....

c - Mme. Rives dispose d'une journée libre. Préparez-lui un programme de visites. Présentez ce programme à vos collègues.

d - De tous les programmes proposés dans votre classe, quel est celui qui va plaire à Madame Rives ? ....

e - Préparez dix questions que vous aimeriez poser à la directrice commerciale d'Orval. Ensuite, présentez ces questions à vos collègues de classe.

2 - Lisez et improvisez

a - Vous la connaissez. Vous lui téléphonez à son hôtel. Vous lui indiquez comment aller visiter un musée, un monument,... Jouez la scène.

b - Comme vous travaillez, vous n'avez pas beaucoup de temps. Vous lui donnez un rendez-vous dans un café (ou une cafétéria ou un restaurant).
Par téléphone toujours, vous lui indiquez comment aller du musée (ou du monument) à ce café (ou restaurant). Jouez la scène.

3 - Partez en voyage

Dans laquelle de ces villes, aimeriez-vous passer deux ou trois jours ? Pourquoi ?

ATHÈNES
à partir de 2 230 F / 340 €
3 jours / 2 nuits / ch. petits-déj.

Transfert par car spécial (inclus)

Visite en car panoramique, en option :
- l'Acropole, le Parthénon,
- le théâtre de Dionysos,
- l'odéon d'Hérode Atticus,
- l'Agora.

3. Itinéraires
Débrouillez-vous

Copenhague
à partir de 2 980 F / 450 €
5 jours / 4 nuits / ch. petits-déj.

Arrivée à Copenhague-Kastrup
Transfert individuel par bus

Visites en option :
Matin ou après-midi : quartier de Christanshavn sur l'île d'Amager, chateau de Christianborg, promenade de Langelinie (avec la petite sirène), le parc d'attraction Tivoli, Le port.

Rome
à partir de 1 500 F / 227 €
3 jours / 2 nuits / ch. petits-déj.

Transfert aéroport-hôtel inclus

Visite panoramique en option :
le Colisée, le parc de Trajan, le Capitole, la Piazza Venezia, le Panthéon, le palais Farnèse, le palais Médicis.

Londres
à partir de 2 140 F / 324 €
3 jours / 2 nuits / ch. petits-déj.

Arrivée à Londres Heathrow
Transfert individuel par métro

Tour panoramique en option :
- Le matin : l'abbaye de Westminster, le palais de Buckingham, Trafalgar Square.
- L'après-midi : La Tour de Londres, la cathédrale Saint-Paul, La Tamise, le Parlement et Big-Ben.

Venise
à partir de 2 600 F / 393 €
3 jours / 2 nuits / ch. petits-déj.

Transfert individuel par bateau

Tour panoramique en option :
le Grand Canal, la place Saint-Marc, la Maison dorée, la tour de l'Horloge, le Palais des Doges.

Bilan 1

Cochez la(les) bonne(s) réponse(s)

1 - Vous connaissez Antonio Silva.
– Il est colombien. ☐
– Il est marié. ☐
– Il a vingt ans. ☐
– Il travaille chez Orval. ☐
☐

2 - Vous connaissez Robica Grigorescu.
– Elle est roumaine. ☐
– Elle est écrivain. ☐
– Elle habite rue Jeanne d'Arc. ☐
– Elle parle très bien français. ☐
☐

3 - Avant de prendre l'avion pour Paris, Robica dit à son frère Mika :
– Je vais rester chez Claudine. ☐
– Je suis restée chez Claudine. ☐
– Je vais aller à l'hôtel. ☐
– Je reste chez Claudine. ☐
☐

4 - À Roissy-Charles-de-Gaulle, Robica veut acheter une eau minérale. Elle dit :
– Je voudrais un Perrier, s'il vous plaît. ☐
– Non, c'est cher ! ☐
– Combien ça coûte ? ☐
– Au revoir. ☐
☐

5 - Antonio Silva arrive à l'hôtel Mirage. Il dit :
– Je voudrais une chambre à un lit. ☐
– Donnez-moi une chambre ! ☐
– Au revoir ! Vous avez une chambre ? ☐
– Merci. La chambre est très bien. ☐
☐

6 - Dans la rue, Antonio Silva marche sur le pied gauche d'un passant. Il dit :
– Merci beaucoup, monsieur ! ☐
– Ça ne fait rien ! ☐
– Je suis désolé ! Excusez-moi. ☐
– Vous êtes très gentil, monsieur. ☐
☐

7 - Antonio Silva a un rendez-vous à 16 h 30. À 15 h 55, il est dans sa chambre d'hôtel. Il va être :
– À l'heure. ☐
– En retard. ☐
– En avance. ☐
☐

8 - Robica est rue de Médicis. Elle cherche le musée de Cluny. Elle dit à une passante :
– C'est par là, à gauche. ☐
– Pardon. Je voudrais aller au musée de Cluny. ☐
– Vous allez au musée de Cluny ? ☐
– S'il vous plaît, vous savez où est le musée de Cluny ? ☐
☐

9 - Antonio Silva demande le prix d'un parfum. Il dit :
– Je vous dois combien ? ☐
– Ça fait combien, madame ? ☐
– Voilà ma carte de crédit ! ☐
– Madame, combien coûte ce parfum ? ☐
☐

10 - Robica téléphone à Claudine. Elle dit :
– Bonsoir. Comment allez-vous ? ☐
– Je voudrais parler à Mme Claudine Dubourg, s'il vous plaît. ☐
– Allô, c'est moi ! Répondez ! ☐
– Claudine, tu es là ? ☐
☐

11 - À l'hôtel Herion, Pablo Revueltas parle de son voyage Mexico-Paris à Marek Wiesz. Il dit :
– Je vais voyager pendant dix heures. ☐
– Mon voyage a duré dix heures. ☐
– En avion, j'ai dormi neuf heures. ☐
– Je prendrai l'avion de dimanche soir. ☐
☐

Bilan 1

12 - Marek Wiesz répond à Pablo Revueltas qui lui demande s'il n'est pas venu en train. Marek dit :
— Mais si, je suis venu en train ! ☐
— Non, bien sûr, j'ai pris le train. ☐
— Mais oui, je suis en train ! ☐
☐

13 - Mme Rives n'est jamais en retard. Elle dit :
— Moi, je suis toujours à l'heure. ☐
— Je ne suis jamais à l'heure, vous le savez bien. ☐
— En retard, jamais ! Je préfère être en avance. ☐
☐

14 - Vous arrivez à l'hôtel. Vous avez réservé. Vous n'avez pas de chambre. Vous protestez :
— Mais j'ai réservé par mél ! Tout était OK ! ☐
— Bon, je vais réserver par téléphone. ☐
— Vous avez fait une réservation ? ☐
☐

15 - Vous vous levez :
— À quinze heures tous les jours. ☐
— À vingt-deux heures samedi et dimanche. ☐
— À sept heures et quart régulièrement. ☐
☐

16 - Vous présentez votre sœur à votre professeur. Vous dites :
— Permettez-moi de vous présenter votre sœur. ☐
— J'ai le plaisir de vous présenter ma sœur. ☐
— C'est sa sœur. Elle s'appelle Nadine. ☐
☐

17 - Dans le restaurant « La Convention », vous choisissez un apéritif. Vous dites :
— Champagne pour tout le monde ! ☐
— Je voudrais un muscat. ☐
— Vous avez du Porto ? ☐
— Le Xérès est très bon. ☐
☐

18 - Vous arrivez à l'aéroport. Vous n'avez pas de place. Vous exprimez votre surprise.
— Mon billet est bon ! ☐
— Mais j'ai un billet, j'ai une place réservée ! ☐
— Vous êtes extraordinaires ! ☐
☐

19 - Vous rencontrez une amie parisienne. Vous dites :
— Tu ne changes pas ! Toujours aussi moche ! ☐
— Mais tu es toujours la même ! ☐
— Toujours aussi élégante ! ☐
☐

20 - Vous laissez um message sur le répondeur d'une agence de voyages. Vous dites :
— Pierre Richard. Appelez-moi au 01 45 28 39 21. ☐
— Quelle belle voix, Irène ! Tu m'aimes ? ☐
— Gérard Lanvin. Je voudrais changer mon vol pour Moscou et partir samedi. J'attends votre confirmation. Merci. ☐
☐

Comparez vos réponses avec les réponses de vos collègues de classe.
Corrigez si nécessaire.
Chaque bonne réponse vous donne un point.
S'il y a plus d'une bonne réponse pour une même question, comptez seulement 1 point pour la question.
Une seule bonne réponse vous donne déjà le point pour la question.

— Si vous avez **de 0 à 9 points**, attention ! Vous devez revoir les épisodes étudiés !
— Si vous avez **de 10 à 13 points**, vous avez travaillé très vite !
— Si vous avez **de 14 à 18 points**, très bien ! On ne peut pas tout savoir !
— Si vous avez **19 ou 20 points**, excellent !

4. Rencontres
LA VIE COMME ELLE VA

Le séminaire « Produits nouveaux »

1 - Observez

Les commerciaux d'Orval se retrouvent au séminaire « Produits nouveaux ».

Le Centre de recherches
et de formation d'Orval à Saint-Cyr.

Vue de l'entrée.

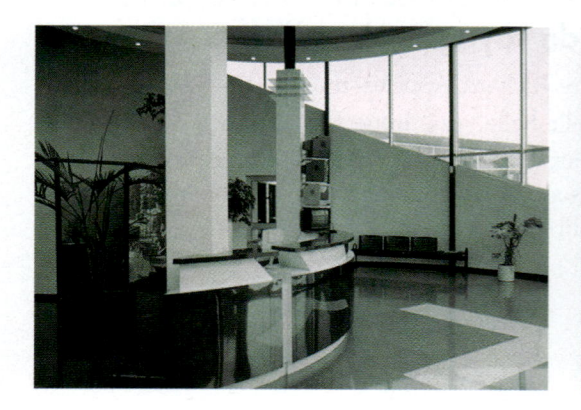

Le hall d'entrée.

L'amphithéâtre Pasteur.

2 - Répondez

Vous travaillez dans un centre de recherches ?
....

Dans un laboratoire ? ....

Dans un bureau ? ....

Dans un magasin ? ....

Autre : ....

3 - Écoutez 🎧 et notez

Date : ....
Jour : ....
Heure : ....
Lieu : ....

4 - Écoutez de nouveau 🎧 et commentez

Qui ? ....
Pourquoi ? ....

5 - À vous !

Racontez ce qui se passe aujourd'hui au Centre de recherches et de formation d'Orval à Saint-Cyr.

On se retrouve

4. Rencontres
LA VIE COMME ELLE VA

1 - Observez

M. Silva embrasse Mme Grandin.   M. Brady serre la main de M. Wiesz.

2 - Écoutez 🎧
Antonio Silva salue Mme Élisabeth Grandin, la secrétaire de Jacqueline Rives.

3 - Répondez
Mme Grandin est heureuse de retrouver M. Silva ?
....
M. Silva est heureux de retrouver Mme Grandin ? ....
M. Silva lui donne un cadeau. Qu'est-ce que c'est ? ....

4 - Écoutez 🎧
Bill Brady est le directeur commercial d'Orval à Sydney. Il retrouve Marek Wiesz, son collègue de Pologne.

5 - Ils se disent «tu» ou «vous» ?
a - Antonio Silva et Élisabeth Grandin : ....
b - Bill Brady et Marek Wiesz : ....

Quand deux personnes marquent entre elles une distance, elles utilisent :	....
Quand deux personnes marquent qu'elles sont amies, elles se disent :	....

6 - Écoutez 🎧 et notez
Écoutez de nouveau comment les uns et les autres se saluent.

a - Notez deux différences.
Antonio Silva et Élisabeth Grandin :
— 1re différence : ....
— 2e différence : ....

Bill Brady et Marek Wiesz :
— 1re différence : ....
— 2e différence : ....

b - Pour marquer le respect, on utilise :
☐ le nom   ☐ le prénom
☐ «Monsieur» ou «Madame» ou «Mademoiselle»
☐ rien
☐ «vous»   ☐ «tu»

7 - À vous !
Appliquez ces notions de distance et de différence entre sexes pour saluer une ou deux personnes de votre classe.

Tu ne changes pas !

1 - Écoutez 🎧

Bill Brady et Marek Wiesz, les directeurs commerciaux d'Orval en Australie et en Pologne, sont amis.
Écoutez leur conversation.

2 - Complétez

	Bill Brady	Marek Wiesz
Il est australien.	☐	☐
Il est polonais.	☐	☐
Il est optimiste.	☐	☐
Il est ironique.	☐	☐
Il est distrait.	☐	☐
Il est organisé.	☐	☐

Mon portefeuille, où est mon portefeuille ?

3 - Et vous, vous êtes comment ?

Je suis toujours ....
J'oublie toujours ....
Je n'oublie jamais ....
Je perds toujours ....
Je ne perds jamais ....

Mon portefeuille ! J'ai dû l'oublier au bureau !

4 - Avez-vous lu votre horoscope aujourd'hui ?

a - Alors ?

	Amour	Santé	Argent
Très bien	☐	☐	☐
Bien	☐	☐	☐
Neutre	☐	☐	☐
Mauvais	☐	☐	☐
Très mauvais	☐	☐	☐

b - Bill Brady dit : « Tout est au beau fixe. »
Ceci signifie : Tout va bien. ☐   Tout va mal. ☐

-Allô, chérie ? J'ai perdu mon portefeuille. Tu ne l'as pas vu ?

-Ton portefeuille ? Non ! Je ne l'ai pas vu.

4. Rencontres
LA VIE COMME ELLE VA

5 - Lisez et complétez

a - Bill Brady dit :
« Bon, côté argent... Bon, je l'ai peut-être perdu. »
« Bon » marque :
une atténuation ☐ ; une exagération ☐.

b - Bill Brady dit : « Dis-moi, Marek, qu'est-ce qu'on a ce matin ? »
« Dis-moi » marque :
un changement de sujet ☐ ; une interrogation ☐.

c - Marek dit :
« Évidemment, Friedman ! »
« Évidemment » est synonyme de : Bien sûr ! ☐
Mais oui ! ☐ Mais non ! ☐ Pourquoi pas ? ☐

d - Bill dit : « Je l'ai peut-être perdu. »
Est-ce qu'il a perdu son programme ?
oui ☐ ; non ☐ ; il ne sait pas ☐.

6 - Écoutez 🎧 et répétez
Réécoutez la conversation de Bill Brady et Marek Wiesz. Reconstituez-la le plus fidèlement possible.

On fait connaissance

1 - Observez, lisez

Pablo Revueltas et Wielfried Williams se saluent.

Le directeur commercial d'Orval pour l'Afrique du Sud s'appelle Wilfried Williams. Il est nouveau. Il ne connaît personne. Il a déjà son badge avec son nom et son pays.

> Wilfried WILLIAMS
> Afrique du Sud

2 - Répondez

Vous connaissez déjà Wilfried Williams ?............
Est-ce que vous connaissez son pays ?............
Quelle en est la capitale ?............

3 - Écoutez 🎧 et répondez

Pablo Revueltas vient à la rencontre de Wilfried Williams.
Wilfried Williams et Pablo Revueltas se connaissent ? ....
Pour se saluer, ils se disent «tu» ou «vous» ?
....
Est-ce qu'ils se serrent la main ? ....
Ils s'embrassent ? ....
Wilfried dit qu'il est nouveau chez Orval. Ça fait combien de temps qu'il y travaille ?
une semaine ☐ ; un an ☐ ; un mois ☐ ;
deux mois ☐ ; six mois ☐.

4 - À vous !

Vous arrivez à une réunion. Vous ne connaissez personne. Vous vous présentez et vous saluez la première personne que vous rencontrez.

Il y a trois personnes.

Il n'y a personne.

Comment tu t'habilles ?

1 - Regardez

Bill Brady aime s'habiller «sport». Pour la réception offerte par la présidente de la société Orval, il pense qu'il doit mettre un smoking.

Tenue de soirée.   Tenue de ville.   Tenue de sport.

2 - Répondez

Bill Brady aime s'habiller :
☐ ville ;
☐ soirée ;
☐ sport.
Et vous ? ....

3 - Écoutez et répondez

a – « BCBG » vient de « Bon Chic, Bon Genre ».
Ça veut dire :
élégant ☐ ? populaire ☐ ? snob ☐ ?
correct ☐ ? décontracté ☐ ? sérieux ☐ ?

b – Quand Marek Wiesz dit à son ami Bill Brady :
« Elle n'aime que Lanvin », est-ce qu'il dit
la vérité ? ....

4 - Écoutez de nouveau et répondez

Écoutez de nouveau la conversation entre Bill Brady
et Marek Wiesz. Le mot « ça » est utilisé :
1 fois ☐ ; 2 fois ☐ ; 3 fois ☐ ; 4 fois ☐ ; 5 fois ☐.
Vous rappelez-vous d'une expression avec le mot
« ça » ? ....

> Il n'y a que l'amour qui compte.
> Il ne pense qu'à l'amour.
> Je ne veux que le bien.

5 - Complétez oralement

Complétez ce dialogue en utilisant seulement les
constructions « ça va », « ça ira » et « ça veut dire » :

Élisabeth Grandin : Mme Rives, vous allez bien
ce matin ?

Jacqueline Rives : ...., et vous ?

Élisabeth Grandin : Un peu fatiguée mais
après le Séminaire, ... mieux.

Jacqueline Rives : Travailler chez Orval ....
toujours beaucoup de problèmes, beaucoup de stress.

Élisabeth Grandin : Mais .... aussi
toujours beaucoup d'amitié !

6 - À vous !

a – Qu'est-ce qui est le plus important pour vous ?
Numérotez de 1 à 7 (1 est le plus important).

l'argent ☐ ; l'amour ☐ ; la santé ☐ ;
le travail ☐ ; la poésie ☐ ; l'amitié ☐ ;
la famille ☐.

b – Écoutez les réponses de tous vos camarades et
complétez le tableau.

Valeur	Nombre de fois numéro 1	Nombre d'étudiants	%
Argent	....	....	....
Amour	....	....	....
Santé	....	....	....
Travail	....	....	....
Poésie	....	....	....
Amitié	....	....	....
Famille	....	....	....

c – Commentez ces résultats.

Je lui fais un baisemain ?

4. Rencontres
LA VIE COMME ELLE VA

1 - Lisez

Cherchez dans votre dictionnaire
les mots que vous ne comprenez pas.

C'est la première journée du Séminaire
« Produits nouveaux » d'Orval. Au programme
de l'après-midi, après une conférence sur les dangers
de la bio-génétique, M. Binic, directeur
de production d'Orval, a présenté I-Pilorval,
un produit nouveau qui fait pousser ou repousser
les cheveux. Le soir, Mme Dumont donne
une réception au restaurant de la tour
Montparnasse. Ceci préoccupe certains participants.

2 - Écoutez ce que vous venez de lire

3 - Répondez

À votre avis, quelles sont les préoccupations
des directeurs commerciaux d'Orval avant
la réception offerte par Mme Dumont ?

	Oui	Non
Comment aller à la tour Montparnasse	☐	☐
Comment s'habiller	☐	☐
À quelle heure arriver	☐	☐
À quelle heure partir	☐	☐
De quoi parler	☐	☐

Je lui serre la main ?   Je lui fais un baisemain ?

4 - Écoutez, regardez

Écoutez la conversation entre Wilfried Williams,
le directeur commercial d'Orval pour l'Afrique du
Sud, et Antonio Silva.

5 - Cochez ou complétez

a - Les directeurs commerciaux d'Orval appellent
Mme Christine Dumont « la reine » :
  parce qu'ils l'admirent ☐ ;
  parce qu'elle est leur supérieure hiérarchique ☐ ;
  parce qu'elle est membre de la famille royale
  suédoise ☐ ;
  parce qu'ils la détestent ☐.

b - Quand Antonio Silva appelle son collègue
« M. Avenir », il rappelle une phrase d'un discours
prononcé au séminaire :
« L'Afrique du Sud, une implantation prometteuse,
un marché plein d'avenir. »
Orval est implanté en Afrique du Sud pour :
  gagner beaucoup d'argent très vite ☐ ;
  parce que le pays est beau ☐.

c - Le marché sud-africain promet :
  des bénéfices intéressants ☐ ;
  des problèmes compliqués ☐.

d - L'Afrique du Sud est un pays d'avenir ?
....

e - Et le vôtre ? ....

f - Quelle est la vraie préoccupation de Wilfried
Williams ? ....

6 - À vous !

« Le baisemain, ça se fait chez vous ? »
Imaginez la suite de cette conversation.

Réception au 54ᵉ étage de la tour Montparnasse

1 - Regardez le carton d'invitation

*En l'honneur des directeurs commerciaux
de la société Orval,
madame Christine DUMONT a le plaisir de convier*

....

à une réception le 17 mai, à 20 h 30.

Salon Éole, 54ᵉ étage de la tour Montparnasse.

R.S.V.P.
Tél. : 01 43 34 43 43

2 - À vous !

Vous êtes invité à cette réception. Vous confirmez votre présence.

3 - Écoutez 🎧

Mme Christine Dumont accueille ses invités à l'entrée du salon Éole au restaurant de la tour Montparnasse. À ses côtés Mme Jacqueline Rives, la directrice commerciale d'Orval.

4 - Classez

Mme Dumont vient d'accueillir trois personnes. Retrouvez-les dans cette liste d'invités. Marquez leur ordre d'arrivée (1, 2, 3...) :
M. Antonio Silva ☐ ;
M. Marek Wiesz ☐ ;
M. Martin Rose ☐ ;
M. Pablo Revueltas ☐ ;
M. Hubert Duplessis ☐ ;
M. Bill Brady ☐ ;
M. Wilfried Williams ☐ ;
M. Yon Sun ☐.

5 - Observez et complétez

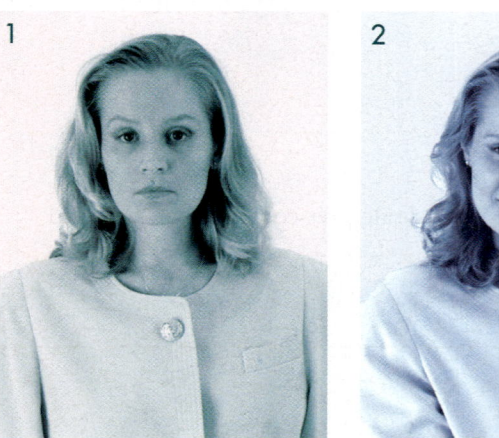

Regardez ces trois photos de Mme Dumont. À votre avis, quelle est la personne qu'elle accueille ?

Photo 1 : *Mme Dumont accueille ...*
Photo 2 : ....
Photo 3 : ....

4. Rencontres
LA VIE COMME ELLE VA

6 - Écoutez de nouveau et cochez

Qui dit... ?	Mme Dumont	M. Williams	M. Duplessis	M. Rose	Personne
Mes hommages, Madame la Présidente.	☐	☐	☐	☐	☐
Je suis très heureuse de faire votre connaissance.	☐	☐	☐	☐	☐
Enchanté de faire votre connaissance.	☐	☐	☐	☐	☐
Je suis très heureux de faire votre connaissance.	☐	☐	☐	☐	☐

7 - Écoutez et répondez

a - Écoutez comment Mme Dumont accueille M. Duplessis.
— M. Duplessis travaille chez Orval ?
  ....
— Quelle est la fonction de M. Duplessis ?
  ....
— Pourquoi est-il invité à la réception ?
  ....
— Où est son supérieur hiérarchique ?
  ....
— Mme Dumont est heureuse de sa présence ?
  ....
— Pourquoi est-ce qu'elle dit : « Nous regrettons vivement l'absence de M. le Secrétaire d'État ? » par méchanceté ☐ ; par politesse ☐ ; par ironie ☐.

b - Écoutez ce que M. Williams a répondu à Mme Dumont :
  « Merci Mme la Présidente. Je suis très "houreux" de travailler avec vous. »
— Est-ce qu'il n'y a pas une erreur ? ....
— Quelle est l'expression correcte ? ....
— D'après vous, Mme Dumont : a souri ☐ ? a tourné la tête ☐ ? a eu un regard sévère ☐ ?

PHONÉTIQUE

Le son [ɲ]
1 - Écoutez et répétez.
2 - Écoutez et notez si vous entendez le son [ɲ].

	oui	non
1	☐	☒
2	☐	☐
3	☐	☐
4	☐	☐
5	☐	☐
6	☐	☐
7	☐	☐

3 - Complétez avec le verbe **venir**.
  Mes amis .... à la réception.
  Ils y .... en taxi. Leur fils ne .... pas. Il va dormir. Il a trois ans.
4 - Maintenant, dites les phrases.
5 - Complétez avec le verbe **prendre**.
  Pour aller à la réception, mes amis .... un taxi.
  Le chauffeur .... le boulevard Saint-Germain.
6 - Maintenant, dites les phrases.

4. Rencontres
PENDANT CE TEMPS-LÀ

Les éditions de l'Aigle noir et leur directeur

1 - Consultez votre dictionnaire et traduisez

inspiration : .... ;
saint : .... ;
guide : .... ;
pèlerinage : .... ;
manuel : .... ;
savoir-vivre : .... ;

2 - Écoutez 🎧
l'histoire des éditions de l'Aigle noir

M. Romain Mésanger.   M. Jules Mésanger.

Des romans et des manuels de savoir-vivre.

3 - Répondez

a - Comment s'appelle l'actuel propriétaire des Éditions de l'Aigle noir ?
Romain Mésanger ☐ ; Roman Mésanger ☐ ;
Julien Méranger ☐ ; Jules Mésanger ☐.

b - Quel âge a-t-il ? ....

c - Sa maison publie : des manuels de savoir-vivre ☐ ;
des romans policiers ☐ ; des romans roses ☐.

d - En 1945, M. Jules Mésanger a décidé de ne plus publier des textes d'inspiration religieuse.
Il a eu raison ☐.   Il a eu tort ☐.

4 - Complétez

Ça fait maintenant quatre jours que Robica est à Paris. Aujourd'hui, elle a rendez-vous avec Claudine à 7 heures du soir aux Éditions de l'Aigle noir.

a - Pour aller de la rue Jeanne d'Arc dans le 13e arrondissement à la rue Lobineau dans le 6e arrondissement, quel moyen de transport lui conseillez-vous ? ....

b - Robica va être présentée à M. Mésanger. Comment lui conseillez-vous de s'habiller ?
....

5 - Imaginez une conversation

Robica arrive à l'heure au rendez-vous. Claudine la présente à M. Romain Mésanger. Imaginez :

— la présentation ;
— les compliments ;
— Robica donne des nouvelles de son frère Mika.

L'apéritif

4. Rencontres
PENDANT CE TEMPS-LÀ

1 - Observez

Le bureau du directeur de l'Aigle noir est une grande pièce du XIXe siècle, moitié bureau, moitié salon :

Le bureau salon ou le salon bureau de M. Romain Mésanger.

Le salon   Le bureau

2 - Écoutez 🎧

Dans le coin salon, Romain Mésanger offre l'apéritif.

À votre santé !

3 - Répondez

Vous venez d'écouter ce que M. Mésanger offre comme apéritif.

a - De la liste suivante, qu'est-ce qui n'est pas proposé ?

Vins	Alcools	Jus de fruits
Xérès ☐	Vodka ☐	Orange ☐
Champagne ☐	Tequila ☐	Ananas ☐
Porto ☐	Whisky ☐	Pamplemousse ☐
Muscat ☐		Raisin ☐
		Pomme ☐

b - Vous prendriez lequel ? ....

c - Comment le demanderiez-vous ? ....

4 - Écoutez 🎧 et parlez

a - Écoutez comment Robica accepte le Muscat de Beaumes de Venise. Demandez de nouveau l'apéritif que vous voulez à la façon de Robica.

b - Avez-vous souri en exprimant votre choix ? Dites-le avec le sourire.

c - Essayez d'autres options.
— On vous offre du thé ou du café.
— On vous offre de l'eau plate ou de l'eau gazeuse.

5 - Écoutez 🎧 de nouveau

Claudine conseille le Muscat de Beaumes de Venise à Robica.

a - On accepte de faire quelque chose pour faire plaisir à quelqu'un. Rappelez-vous :
« Si tu veux faire plaisir à Madame Dumont, habille-toi... »
« Si tu veux faire plaisir à Madame Dumont, parfume-toi... »

b - Conseillez à un ami de votre groupe : « Si tu veux faire plaisir à notre professeur... »

Des ancêtres pour tous les goûts

1 - Observez et répondez

Ier siècle	les ancêtres	Celtes... Romains
VIe siècle		Germains...
VIIIe siècle		Arabes...
XIIIe siècle		Saxons
1850-1920	Les grands-parents	paternels, maternels
1920-19...	Les parents	le père, la mère
19...-20...		Romain Mésanger

Jules César → Richard Cœur de Lion → Jules Mésanger → Romain Mésanger.

Quels sont vos ancêtres ? ....

Est-ce que vos grands-parents sont vivants ? ....

2 - À vous !

Situez des personnages de votre pays selon les siècles.

Gengis Khan a vécu au XIIe siècle.

.... a vécu au .... siècle.
.... a vécu au .... siècle.

3 - Écoutez 🎧 et complétez

On boit du Beaumes de Venise, la conversation s'anime.
a - Écoutez.
b - « Nous sommes de la même famille. »
   M. Romain Mésanger parle de quelle famille ?
   – de sa famille paternelle ☐ ?
   – de sa famille maternelle ☐ ?
   – de ses ancêtres du XIIIe siècle ☐ ?
   – des ancêtres romains ☐ ?

4 - Lisez

Aliénor d'Aquitaine (1122-1204)
C'est une des figures féminines les plus fascinantes du Moyen Âge.
Successivement reine de France puis reine d'Angleterre, elle passe plusieurs années prisonnière au château de Poitiers. Grâce à ses fils Jean Sans Terre et Richard Cœur de Lion, elle retrouve ensuite un rôle politique.
Son intelligence, sa passion de la liberté, sa culture, son goût de l'action, font d'elle une femme exceptionnelle.

5 - Répondez

Aliénor a été reine   une fois ☐   deux fois ☐ .

6 - Complétez et parlez

a – À propos d'Aliénor, M. Mésanger a dit : « Quelle femme extraordinaire, non ? »
À propos de Robica, il a dit : ....

b – Utilisez ces formes d'appréciation à propos de trois personnes que vous connaissez :
extraordinaire - magnifique - charmant(e) - génial(e) - adorable - sympathique.

7 - Écoutez de nouveau 🎧 Romain Mésanger et complétez

M. Mésanger explique pourquoi il s'appelle Romain.

a – Qui est à l'origine de son prénom ?
....

b – Qui a voulu faire plaisir au grand-père maternel de M. Mésanger ? ....

8 - À vous !

Utilisez « Pour vous faire plaisir » pour annoncer :
— que vous allez parler.
— que vous allez chanter.
— que vous allez payer le déjeuner.
— que allez offrir un cadeau à votre mère.

Pour vous faire plaisir, je vais parler.

4. Rencontres
PENDANT CE TEMPS–LÀ

9 - Écoutez 🎧 et répondez

Robica dit que les Français veulent « plaire à tout le monde ». Écoutez-la.

Plaire à tout le monde, c'est possible ?
....

10 - Faites un sondage dans votre classe

	ne me plaît pas	me plaît	me plaît beaucoup
Robica	☐	☐	☐
Claudine	☐	☐	☐
Romain Mésanger	☐	☐	☐

Qui plaît à tout le monde ?
....

11 - Écoutez 🎧 et notez

La conversation continue.

a - Robica note dans son agenda.
Rendez-vous :
Jour : ....
Heure : ....
Lieu : Au Coq Licquot.

b - Au dîner, Robica fera connaissance de qui ?
....

c - M. Igor Vernier prépare quoi ?
....

Ça vous plaît ?
– **Oui**, ça me plaît. / – **Non**, ça ne me plaît pas.
Ça ne vous plaît pas ?
– **Si**, beaucoup. / – **Non**, pas du tout.

Sondage : la tour Eiffel, support publicitaire.

Ça vous plaît ?   Ça ne vous plaît pas ?

4. Rencontres
DÉCOUVREZ

Séminaire Orval : 17 mai

1 - Lisez

Du 17 au 20 mai, la société ORVAL organise un séminaire de présentation de ses produits nouveaux dans son centre de recherches et de formation de Saint-Cyr.

ORVAL
Séminaire
« Produits nouveaux »

Mardi 17 mai

- **9 h 00** : accueil des participants.
- **9 h 30-10 h 30** : présentation du séminaire « Produits nouveaux » par Mme Christine Dumont, président-directeur général d'Orval.
- **10 h 30-12 h 00** : « Nouvelles applications pour la molécule GNV8 » par M. René Friedman, directeur du laboratoire de recherches d'Orval.
- **12 h 00-14 h 00** : déjeuner au restaurant de la société.
- **14 h 00-15 h 30** : « Faut-il avoir peur des produits bio-génétiques ? » par M. le Professeur Pierre Rubinstein de l'Université de Paris V.
- **15 h 30-17 h 00** : « La gamme I-Pilorval » par M. Yves Binic, directeur de production d'Orval.
- **20 h 30** : réception au restaurant de la tour Montparnasse.

---

2 - Écoutez et complétez

a - Les intervenants :

	Leur fonction	Moment de leur intervention
Mme Christine Dumont	....	....
M. René Friedman	....	....
M. Pierre Rubinstein	....	....
M. Yves Binic	....	....

Indiquez si c'est en début ou en fin de matinée ou d'après-midi.

b - Les participants au Séminaire entendront :

	de qui ?	sur quoi ?
un discours	....	....
une conférence	....	....
deux exposés	....	....

c - L'un des intervenants ne travaille pas à Orval.

Qui est-ce ?
....

Quel est le titre de son intervention ?
....

Cette intervention est importante pour les directeurs commerciaux d'Orval ?
....

4. Rencontres
DÉCOUVREZ

3 - Regardez

Elle n'a pas peur du serpent !

Faut-il avoir peur de la mort ?

4 - Répondez
Est-ce que vous avez peur :

	beaucoup	un peu	pas du tout
- des manipulations génétiques	☐	☐	☐
- des centrales nucléaires	☐	☐	☐
- de la pollution des océans	☐	☐	☐
- de l'amour	☐	☐	☐
- de la mort	☐	☐	☐
- de la maladie	☐	☐	☐

5 - À vous
Ce mardi, le 17 mai, vous assistez au séminaire
« Produits nouveaux » d'Orval. Quel exposé ou
quelle conférence vous intéresse :

— le plus ?
....

— le moins ?
....

Séminaire Orval : 18-19 mai

1 - Lisez

ORVAL
séminaire
« Produits nouveaux »

Mercredi 18 mai

— **9 h 00-10 h 30** : « La crème antirides E-Pelorval » par M. Dimitri Kotchkariov, chercheur au laboratoire de recherches d'Orval.
— **10 h 30-12 h 00** : « La ferme-laboratoire d'Orval à Yèvres-la-Rivière » par Mme Claude Maréchal, chercheur au laboratoire de recherches d'Orval et directrice de la ferme-laboratoire de Yèvres-la-Rivière.
— **12 h 00-14 h 00** : déjeuner au restaurant de la société.
— **14 h 00-15 h 30** : « La pensée complexe pour mieux comprendre le XXIe siècle » par M. Ludovic Borelli de l'Association pour la Pensée complexe.
— **15 h 30-17 h 00** : « Comment créer le " Client Beauté " d'Orval ? » par Mme Jacqueline Rives, directrice du service commercial d'Orval.

ORVAL
séminaire
« Produits nouveaux »

Jeudi 19 mai

— **9 h 00-10 h 30** : réunion des participants par secteurs géographiques.
— **10 h 30-12 h 00** : « Une stratégie plurielle de promotion pour I-Pilorval et E-Pelorval » par M. Renaud de Chevilly de l'agence Publicom.
— **12 h 00-14 h 00** : déjeuner au restaurant de la société.
— **14 h 00** : départ en autocar pour la visite du musée Émile Bricard.
— **15 h 00** : visite guidée du musée Émile Bricard par Mme Ginette Beaudricourt, conservateur du musée.
— **16 h 00-17 h 00** : Auditorium du musée Émile Bricard : conférence « Beauté, mon beau souci » par M. Jacques Dumanoir, professeur à l'Université de Paris I.
— **20 h 00** : *Turandot* à l'Opéra Bastille.

2 - Consultez votre dictionnaire et traduisez

la ferme : ....
l'Association : ....
créer : ....
un secteur géographique : ....
la promotion : ....
le conservateur d'un musée : ....
un souci : ....
un château : ....

3 - Répondez

Vous travaillez dans une agence de publicité ?
....

Vous connaissez une personne qui travaille dans une agence de publicité ?
....

Quand vous visitez un musée, vous prenez un guide ?
....

Vous connaissez le château Sans Souci ?
....

Et l'opéra *Turandot* ?
....

4 - Écoutez 🎧 et complétez

Maintenant écoutez le programme proposé aux responsables commerciaux d'Orval les mercredi 18 et jeudi 19.

a - Quelles sont les interventions qui ont une relation avec la notion de beauté ?
1 ....
2 ....
3 ....

b - Un produit antirides doit son succès :
à la peur de vieillir ☐ ; à la vanité ☐ ; à l'amour ☐

4. Rencontres
DÉCOUVREZ

5 - À vous !

a – À votre avis, E-Pilorval intéressera :
uniquement les femmes ☐ ;
les femmes et les hommes ☐ ?

b – Est-ce que vous achèteriez E-Pilorval ? ....

> « Un soir, j'ai assis la Beauté sur mes genoux
> Et je l'ai trouvée amère
> Et je l'ai injuriée. »
>
> *Arthur Rimbaud*

6 - Quelle est la plus belle ?

Pour vous, la femme la plus belle est celle de la photo ....

8 - Pour vous, la beauté est avant tout :

physique ☐ ; morale ☐ ; physique et morale ☐.

1. Mère Thérésa.

2. Claudia Schiffer.

7 - Quel est le moins beau ?

1. Léonardo di Caprio.

2. Albert Einstein.

Pour moi, le moins beau est celui de la photo ....

Séminaire Orval : 20 mai

1 - Observez et répondez

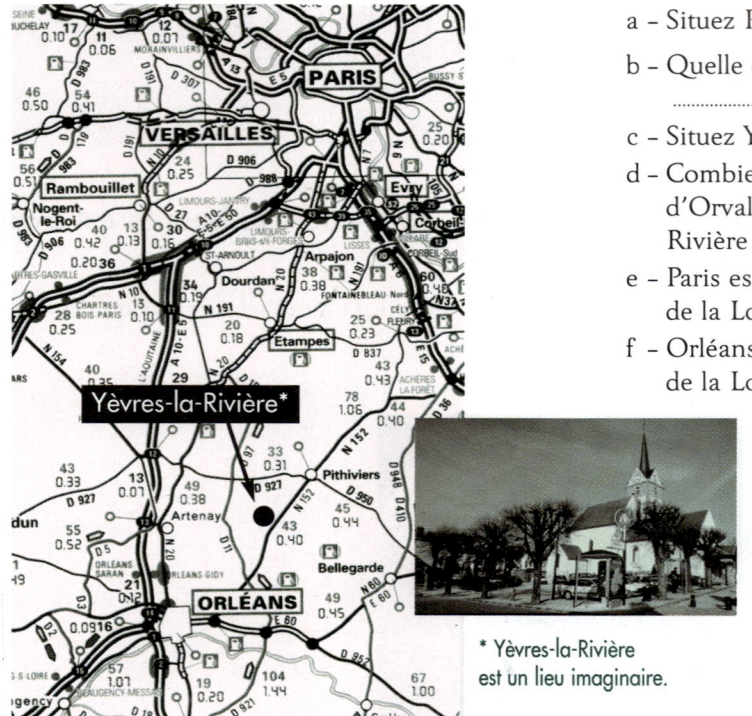

a - Situez Paris et Orléans.

b - Quelle est la distance Paris-Orléans ?
....

c - Situez Yèvres-la-Rivière.

d - Combien de temps mettra l'autocar d'Orval pour aller de Paris à Yèvres-la-Rivière ? ....

e - Paris est sur les bords : de la Seine ☐ ; de la Loire ☐ .

f - Orléans est sur les bords : de la Seine ☐ ; de la Loire ☐ .

Yèvres-la-Rivière*, la place de l'église.

* Yèvres-la-Rivière est un lieu imaginaire.

2 - Lisez

ORVAL
séminaire
« **Produits nouveaux** »

Vendredi 20 mai

9 h 00 : rendez-vous à la gare Montparnasse près de la sortie taxis, boulevard de Vaugirard.
9 h 15 : départ pour la ferme-laboratoire de Yèvres-la-Rivière.
10 h 30-12 h 00 : visite de la ferme-laboratoire guidée par sa directrice Mme Claude Maréchal.
12 h 30-14 h 00 : déjeuner au restaurant « Ma mère Loire » près d'Orléans.
14 h 00-15 h 30 : retour au Centre de recherches et de formation d'Orval à Saint-Cyr.
15 h 30-16 h 30 : évaluation des quatre journées du séminaire.
16 h 30-17 h 30 : intervention de Mme Christine Dumont, président-directeur général d'Orval.
17 h 30 : cocktail de clôture.

3 - Écoutez ce programme et répondez 🎧

Quel moment de la journée vous plaît le plus ?
....

4 - À vous !

a - Vous connaissez mieux la société Orval. Complétez ce que vous pouvez de son organigramme :

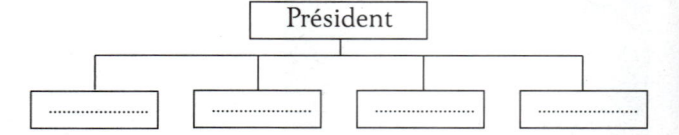

```
           Président
   ┌─────┬─────┬─────┐
  ....  ....  ....  ....
```

b - Est-ce que vous aimeriez être directeur commercial chez Orval ?
....

c - Raisons possibles :
  – conception du travail ☐.
  – organisation du travail ☐.
  – rémunération ☐.
  – relations humaines ☐.

Les mots pour le dire

4. Rencontres
DÉCOUVREZ

Pour exprimer le plaisir de retrouver quelqu'un
– Quel plaisir !
– Je suis heureux / heureuse.
– Toujours si gentil / gentille !
– Toujours si aimable !

Pour exprimer la peur
– J'ai peur de la bombe atomique.
– J'ai énormément peur d'un accident dans une usine nucléaire.

Pour faire connaissance
– Enchanté(e), Monsieur. / Enchanté(e) Madame.
– Mes hommages, Madame.
– Très heureux(se), Madame. / Très heureux(se), Monsieur.

Pour exprimer une durée
– **Ça fait** deux jours que je suis à Paris.
– **Ça fait** un mois que Robica est arrivée à Paris.
– Je suis à Paris **depuis** deux jours.
– Robica est à Paris **depuis** un mois.

Pour faire un compliment
– Il est **tout à fait** extraordinaire.
– Elle est **tout à fait** fantastique.

Pour inviter
– Je serai très heureux de vous inviter à un dîner lundi soir au Coq Licquot.
– Mme Christine Dumont a le plaisir de convier M. Martin Rose à un déjeuner le vendredi 20 juin au restaurant « La Convention ».

Pour exprimer ses goûts
– Ça me plaît beaucoup, ce film.
– *La Nuit d'Octobre* ? Ça ne me plaît pas du tout.

4. Rencontres
DÉBROUILLEZ-VOUS

Invitations, rencontres, remerciements

1 - Vous les connaissez. Rappelez qui ils sont et ce qu'ils font.

Mme Claude Maréchal.   Mme Ginette Beaudricourt.   M. Ludovic Borelli.   M. Jacques Dumanoir.

2 - Écrivez une lettre

Vous connaissez dans votre ville quelqu'un qui est ami de ce professeur d'université, de ce conservateur de musée, de ce biologue ou de ce philosophe. Cette personne va vous aider à écrire une lettre de recommandation pour son collègue français. Complétez :

> Cher (Chère) collègue,
>
> Je vous serais très reconnaissant(e) de réserver le meilleur accueil à ....
>
> M. (Mme) ....
> s'intéresse particulièrement à
> ....
> ....
> ....
>
> Croyez, cher collègue, en l'expression de mes sentiments distingués.

3 - Téléphonez

Vous êtes maintenant à Paris. Vous prenez contact par téléphone avec la personne que vous voulez rencontrer. Les phrases suivantes peuvent vous aider à le faire :
— Je vous téléphone de la part de...
— Je souhaiterais...
— J'aimerais prendre rendez-vous...
Jouez la scène.

4 - La rencontre

Comment se passe votre rencontre avec la personne choisie ? Jouez cette rencontre.

5 - Une invitation

Comme vous avez l'art de plaire à tout le monde, vous êtes invité(e) à dîner (ou déjeuner). Préparez et jouez cette scène.

4. Rencontres
DÉBROUILLEZ-VOUS

6 - Écrivez

Pour lui montrer votre bon niveau de français,
vous envoyez une carte postale
de remerciements à la personne de votre ville
qui vous a permis d'entrer en contact avec
la personne que maintenant vous connaissez à Paris.

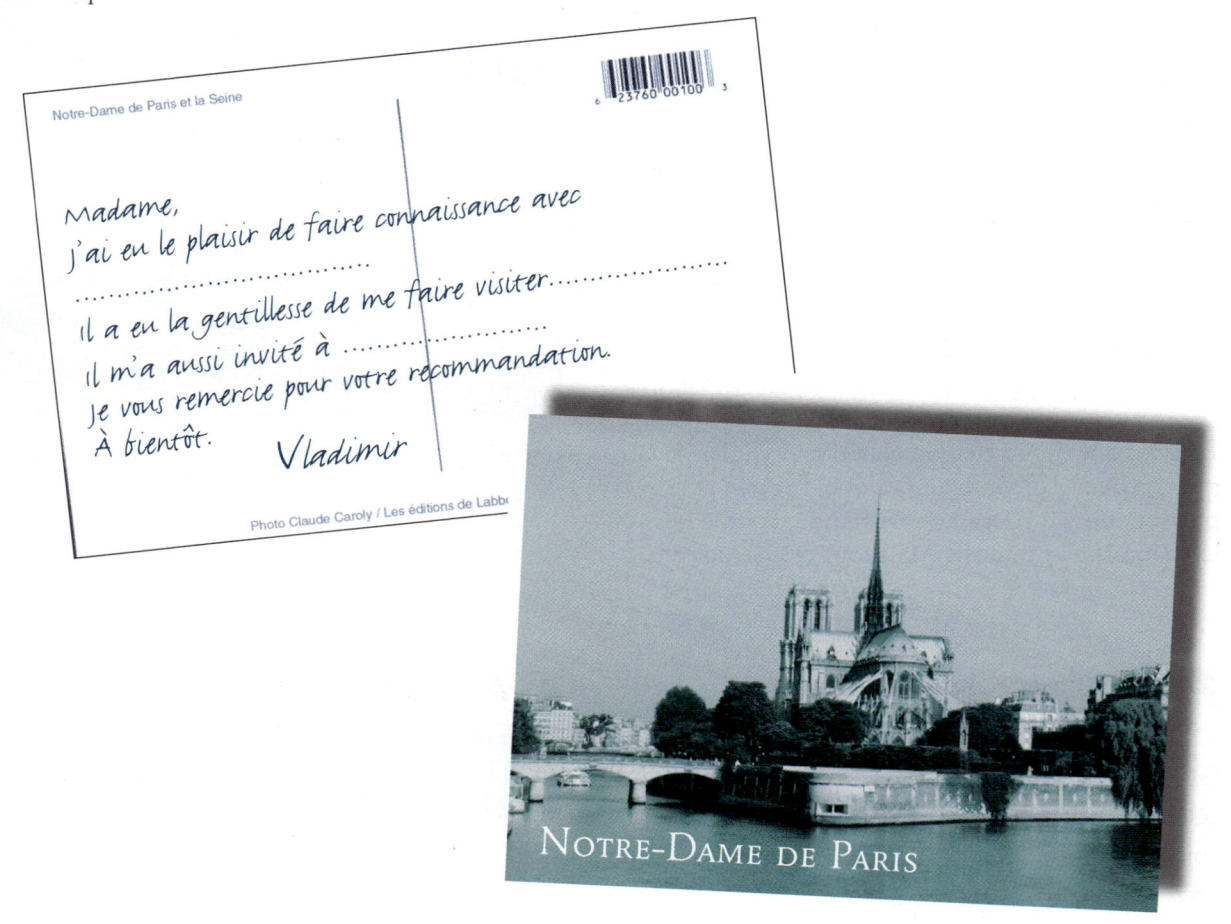

Notre-Dame de Paris et la Seine

Madame,
J'ai eu le plaisir de faire connaissance avec ....
....
Il a eu la gentillesse de me faire visiter ....
Il m'a aussi invité à ....
Je vous remercie pour votre recommandation.
À bientôt.
            Vladimir

Photo Claude Caroly / Les éditions de Labbé

NOTRE-DAME DE PARIS

— Quelle est la photo de votre carte postale ?
....

— Pourquoi ?
....

5. Sorties
LA VIE COMME ELLE VA

Parlons cuisine

1 - Écoutez 🎧 et lisez

Les Français ont une relation particulière avec la nourriture.

Pour beaucoup de Français, bien manger est important. La préparation d'un repas est le loisir préféré d'un Français sur trois. Manger, boire et converser pendant deux ou trois heures reste une passion nationale. Le dimanche, on se réunit en famille autour d'un bon repas. Au restaurant, on célèbre par un bon repas l'amitié, l'amour, les affaires ou toute autre chose. Ce qui importe, c'est le plaisir de bien manger.
Un repas à la française comporte trois moments : l'entrée, le plat principal et le dessert. L'entrée est déjà prête ; c'est un plat léger, frais, souvent froid. Pendant que le client le consomme, le cuisinier a le temps de préparer le plat principal, une viande ou un poisson qu'il servira avec une sauce élaborée avec tout son art. Les desserts sont sucrés.
Pour accompagner chaque plat, il faut choisir le vin qui convient. Un vin blanc va avec l'entrée et le poisson, un vin rouge avec la viande. Pour le dessert, le champagne s'impose. Mais tout cela se discute.

2 - Consultez votre dictionnaire et traduisez

loisir : ....
célébrer : ....
comporter : ....
prêt : ....
une entrée : ....
un plat : ....
un dessert : ....
souvent : ....
une sauce : ....
salé : ....
sucré : ....
imposer : ....

3 - Écoutez 🎧 et répondez

Écoutez de nouveau cette présentation sur les Français et la nourriture.

a - Dans votre pays :
— les repas comportent trois moments comme en France ? ....
— quelle boisson les accompagne ? ....
b - Pour vous, manger, c'est :
   ☐ se nourrir ; ☐ un plaisir.
c - Dites si c'est...

une entrée ?   un plat ?   un dessert ?
....

4 - À vous !

En France, les restaurants ouvrent normalement :
de 12 h 00 à 15 h 00 pour le déjeuner ;
de 19 h 00 à 22 h 00 pour le dîner.

a - À quelle heure déjeunez-vous normalement ?
....
b - Où ? ....
c - À quelle heure dînez-vous normalement ?
....
d - Où ? ....

5. Sorties
LA VIE COMME ELLE VA

5 - **Observez et complétez**

C'est dimanche.

Où ?
....
Qui ?
....
Qui fait quoi ?
....

Le chef au travail.

Où ?
....
Qui ?
....
Qui fait quoi ?
....

Un vin exceptionnel !

Où ?
....
Qui ?
....
Qui fait quoi ?
....

et ouvert 24h sur 24

LES CHIMERES 133, rue St-Antoine (4ᵉ)
01 42 72 71 97
Karaoké, dance, cocktails, tapas. Amb. décontractée

COSMOS CAFE 101, bd Montparnasse 6ᵉ
Tél. : 01 43 26 74 36
Brasserie au décor futuriste - Ouv. 7/7.

LES DEUX SAVOIE 23 bis, bd Diderot (12ᵉ)
Tlj réservations 01 43 43 29 59
Tartiflette 68F, Fond Bourg. 88 F, savoy 74F, Pierrade 92 F

LA MAISON D'ALSACE 39, av. des Champs
Élysées (8ᵉ)
Tél : 01 53 93 97 00. Le rendez-vous du tout Paris.

PUB SAINT-GERMAIN 17, rue de l'Ancienne
Comédie 6ᵉ
« Orchestre live » international 7 jours/7. Tél. : 01 43.29.38.70

TAVERNE DE MAITRE KANTER rés. 01 42 36 74 24
16, r. Coquillière 1ᵉʳ
Fruits de mer, choucroutes, 7 jours sur 7, parking St-Eustache

Ils sont ouverts
24 heures sur 24.

Au Coq Licquot

1 - Regardez et imaginez

M. Licquot salue M. Mésanger et ses invitées.

C'est vendredi. Il est huit heures du soir.
Nous sommes au restaurant « Au Coq Licquot ».

Romain Mésanger attend ses invités. Claudine et Robica arrivent. Imaginez leur conversation.

2 - Regardez

Jean-René Licquot a beaucoup travaillé.

3 - Écoutez et répondez

Il est huit heures vingt. Le chef Jean-René Licquot vient saluer son ami Romain.

a - Romain Mésanger vient au restaurant de M. Jean-René Licquot :
□ pour la première fois ? □ en habitué ?

b - Écoutez de nouveau comment ils se saluent. On dit : « En forme ? » :
□ à quelqu'un qu'on ne connaît pas ?
□ à un(e) supérieur(e) ? □ à un ami ?

c - Écoutez de nouveau ce que Romain dit de Robica au chef.

Croyez-vous que Jean-René Licquot est connu à Bucarest ? ....

Pouvez-vous citer le nom d'un grand chef français connu dans votre pays ? ....

4 - Écoutez et répondez

Romain demande à Claudine et à Robica de passer à table. À ce moment, Igor Vernier arrive.

a - Il existe deux manières de saluer une femme :
Igor Vernier embrasse quatre fois ....
Il serre la main de ....

b - Écoutez de nouveau la dernière phrase de Romain. Qui peut dire : « Je meurs de faim » ?

	Oui	Non
Antonio Silva à Jacqueline Rives	□	□
Bill Brady à Christine Dumont	□	□
Marek Wiesz à Pablo Revueltas	□	□
Claudine à Robica	□	□

5. Sorties
LA VIE COMME ELLE VA

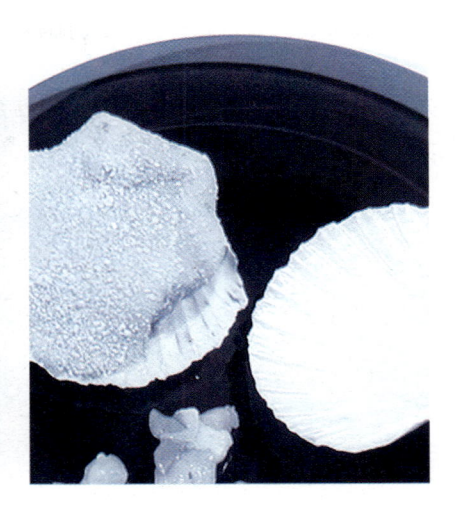

Des langoustines.

Du foie gras.

Des coquilles Saint-Jacques.

5 - Écoutez et répondez

Le maître d'hôtel prend la commande.

a - Vous avez entendu nommer les entrées suivantes :

	Oui	Non
langoustines	☐	☐
artichaut	☐	☐
terrine de poisson	☐	☐
cœur d'artichaut	☐	☐
salade aux truffes	☐	☐
foie gras maison	☐	☐
coquilles Saint-Jacques	☐	☐

b - Qu'est-ce que vous choisiriez ?
Je prendrais ....

c - Romain et ses invités ont lu le menu. Mais Romain connaît le restaurant. Écoutez comment il demande ce qui est le meilleur : « Qu'est-ce que vous nous conseillez ? »

d - Romain conseille une entrée à Robica. Écoutez : « Goûtez leur foie gras. »

e - Imaginez que Claudine conseille la salade de cœurs d'artichauts à Igor :

f - Qu'est-ce qu'ils choisissent ?

	Cœurs d'artichaut	Queues de langoustine	Foie gras
Robica	☐	☐	☐
Claudine	☐	☐	☐
Igor	☐	☐	☐
Romain	☐	☐	☐

Au Coq Licquot (suite)

6 - Lisez

Voici la carte du restaurant *Au Coq Licquot* du vendredi 20 mai.

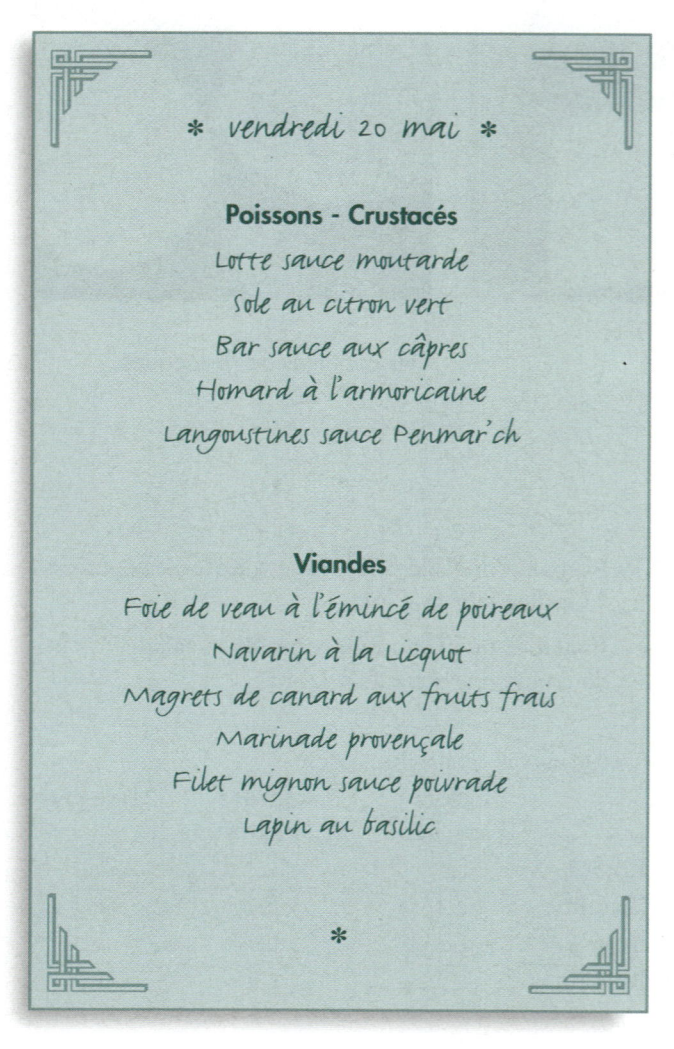

> * vendredi 20 mai *
>
> **Poissons - Crustacés**
> Lotte sauce moutarde
> Sole au citron vert
> Bar sauce aux câpres
> Homard à l'armoricaine
> Langoustines sauce Penmar'ch
>
> **Viandes**
> Foie de veau à l'émincé de poireaux
> Navarin à la Licquot
> Magrets de canard aux fruits frais
> Marinade provençale
> Filet mignon sauce poivrade
> Lapin au basilic
>
> *

7 - Répondez

Problème : que signifient « à l'armoricaine », « sauce Penmar'ch », « à la Licquot », « provençale » ?
Solution : on demande des explications au maître d'hôtel. Comment ?

☐ Qu'est-ce que c'est, « Homard à l'armoricaine » ?
☐ Dites-moi, c'est quoi, « sauce Penmar'ch » ?
☐ Vous nous conseillez le « Navarin à la Licquot » ?

8 - Consultez votre dictionnaire et traduisez

sole : ....
bar : ....
homard : ....
langoustine : ....
foie de veau : ....
filet : ....
agneau (navarin) : ....
mouton (marinade) : ....
canard : ....
lapin : ....

Qu'est-ce que vous choisissez ?
....

9 - Écoutez 🎧 et devinez

Maintenant écoutez ce que Romain et ses invités ont choisi.
À votre avis, qui a pris :

— le lapin au basilic ?
....

— le navarin à la Licquot ?
....

> Les grands vins ont le nom de leur région, celui de leur vignoble et celui de leur année :
> **Montrachet Clos Francis 92**
> **Médoc Château Prince Noir 92**

5. Sorties
LA VIE COMME ELLE VA

10 - Écoutez et répondez

a - Le maître d'hôtel a noté les plats choisis. Il va maintenant noter la commande des vins. Répétez sa question.

b - Le Murfatlar est un vin de Roumanie. Écoutez ce que demande Romain Mésanger.

Que va noter le maître d'hôtel :

pour les entrées ? ....

pour les plats principaux ? ....

Vous feriez confiance à Romain Mésanger pour choisir un vin ? ....

12 - Écoutez et répondez

Le maître d'hôtel propose le dessert.

a - Romain Mésanger conseille la soupe aux fraises. Vous, qu'est-ce que vous choisissez ?
— le clafoutis aux cerises ☐
— le soufflé au Grand Marnier ☐
— la soupe aux fraises ☐

b - Un vin pour le dessert ?
« Nous allons nous contenter » signifie :
— Nous allons nous satisfaire. ☐
— Nous allons être heureux. ☐
— Nous allons accepter. ☐

La soupe aux fraises.   Le soufflé au Grand Marnier.   Le clafoutis aux cerises.

11 - Écoutez et classez

Un dîner est réussi si la conversation est joyeuse.

a - Écoutez Romain Mésanger et ses invités.

b - Pour vous, qu'est-ce qui est important ? Numérotez vos priorités de 1 à 10, du plus au moins important :

☐ travailler
☐ aimer
☐ se marier
☐ voyager
☐ gagner de l'argent
☐ parler français
☐ faire du sport
☐ ne pas grossir
☐ boire du Montrachet
☐ lire

13 - Jouez !

a - Igor recommande le restaurant « Au Coq Licquot » à un ami.
Comment ? ....

b - À votre tour, vous recommandez :
un plat (au restaurant) : ....
un vin (à un ami) : ....

14 - Écoutez et répondez

À la sortie du restaurant, Igor parle à Robica.

a - Robica va accepter l'invitation d'Igor ? ....

b - Romain va permettre à Claudine de partir en Bretagne ? ....

5. Sorties
PENDANT CE TEMPS-LÀ

Les bonnes adresses

1 - Rappelez-vous

Wilfried Williams et Pablo Revueltas ont fait connaissance pendant le Séminaire « Produits nouveaux d'Orval ». Maintenant, ils sont devenus amis.

	Wilfried Williams	Pablo Revueltas
Il vient de quel pays ?	....	....
Quel est son travail ?	....	....
Est-ce qu'il connaît déjà Paris ?	....	....

2 - Regardez et lisez

Dans une brasserie, on peut boire et manger des plats simples à toute heure.

Nous sommes le vendredi 20 mai. Il est 20 h 00. Wilfried et Pablo sont assis à la terrasse de la Brasserie « La Belle Époque », boulevard des Italiens.

3 - Écoutez et répondez

a - « À ta santé ! » Pablo Revueltas et Wilfried Willliams : partent ☐ ; boivent ☐ ; paient ☐

b - À la terrasse de « La Belle Époque », les directeurs commerciaux d'Orval Mexique et Orval Afrique du Sud ont commandé : de la bière ☐ ; un apéritif ☐ ; du café ☐ ; autre chose ☐.

c - Pablo Revueltas dit : « Ce sont les Formica ruginodis qui fabriquent nos salaires. »

Reconstituez l'ordre des choses en numérotant de 1 à 3.

☐
Les collaborateurs d'Orval sont bien payés.

☐
Les fourmis fabriquent la molécule GNV-8.

☐
Orval vend des engrais non polluants et des produits de beauté.

86 - quatre-vingt-six

5. Sorties
PENDANT CE TEMPS-LÀ

4 - Écoutez 🎧 et répondez

a - Écoutez de nouveau Pablo et Wilfried :
— « Quelle journée ! »
— « Quelle femme ! »

b - Leur intonation est-elle la même ?
....
   Essayez chacune d'elles.

c - Quand Pablo dit « Quelle journée ! », il exprime :
   ☐ son plaisir ; ☐ sa fatigue.

d - Quand Williams dit « Quelle femme ! »,
   il exprime :
   ☐ son admiration ; ☐ sa tristesse.

5 - Écoutez 🎧 et cochez la bonne case

Écoutez une série d'exclamations et dites le sentiment qu'elles expriment :

	Fatigue	Admiration	Répulsion	Plaisir
1	☐	☐	☒	☐
2	☐	☐	☐	☐
3	☐	☐	☐	☐
4	☐	☐	☐	☐
5	☐	☐	☐	☐
6	☐	☐	☐	☐
7	☐	☐	☐	☐
8	☐	☐	☐	☐

Mika Grigorescu
Les larmes du lévrier
L'Aigle noir

6 - À vous !

Dites-le en utilisant une exclamation avec la bonne intonation.

> **Vous admirez votre professeur :**
> « Quel homme ! »
> « Quelle femme ! »
> « Quel bon professeur ! »

— Vous avez adoré *Les larmes du lévrier* : ....

— Vous êtes au restaurant, le verre n'est pas propre :
....

— Vous êtes au troisième étage de la tour Eiffel :
....

— Il pleut depuis deux semaines : ....

Pour cela, vous choisirez les mots :
livre - roman - désordre - saleté - vue - merveille - ville - temps - climat - horreur.

7 - Écoutez 🎧 et répondez

Les deux amis mangent un steak frites. Pendant le dîner rapide, Wilfried demande quelque chose à Pablo Revueltas.

— Que veut faire Wilfried Williams ?
....

— Quel est son problème ?
....

— Pablo Revueltas sait où acheter des parfums ?
....

— Pour acheter un parfum, il faut penser en priorité :
   ☐ au prix du parfum ;
   ☐ à la personne qui va l'utiliser ;
   ☐ à la forme du flacon ;
   ☐ à la marque du parfum.

Souvenirs de Paris

1 - Écoutez et répondez

Nous sommes le samedi 21 mai. Il est 10 h 00. Monsieur Pablo Revueltas et monsieur Wilfried Williams sont dans la boutique « Mystères de Paris ».

a – Wilfried Williams achète des parfums. Écoutez.

b – « Mais oui, monsieur. Quel parfum ? »
La vendeuse répond à quelle question de M. Williams ?

c – Imaginez l'arrivée de Pablo Revueltas et Wilfried Williams au magasin « Mystères de Paris » :
— l'accueil de la vendeuse ;
— les salutations.

Parfums, souvenirs, bonnes affaires…

2 - Observez et complétez

Complétez avec :
noire - blanche - brune - sportive - BCBG - gourmande.

Peau : 1 .... ; 2 .... ;
3 ....

Genre : 1 .... ; 2 .... ;
3 ....

3 - À vous : jouez !

a – Wilfried Williams explique comment sont : sa belle-mère ; sa femme ; sa mère.

b – Vous êtes connaisseur en parfums ; conseillez-lui le parfum correspondant à chaque description.

5. Sorties
PENDANT CE TEMPS-LÀ

4 - Écoutez et répondez

Aux « Mystères de Paris », on trouve des parfums mais aussi beaucoup de choses. Beaucoup de choses qui font de beaux cadeaux. La vendeuse le sait.

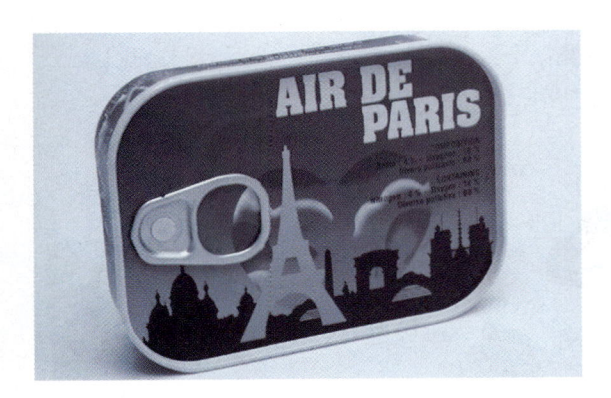

a - Wilfried regarde une cravate.
— Quelle est la particularité de la cravate ?
....

b - Pour Wilfried et Pablo, les fourmis rouges, c'est :
☐ un lieu ; ☐ un produit.

c - « Un souvenir de M. Avenir. »
— Qui a appelé Wilfried Williams M. Avenir ?
....

— Où ?
....

— Quand ?
....

d - La cravate aux fourmis rouges est en réclame.
— Quel est son prix normal ?
....

— Quel est son prix aujourd'hui ?
....

5 - Choisissez

Pour faire plaisir à Wilfried, Pablo regarde ce qu'il y a dans le magasin.
À la place de Pablo, qu'est-ce que vous prendriez ?
....

6 - Écoutez le choix de Pablo et répondez

a - Vous avez des goûts de luxe ? ....
Vous aimez ce qui coûte cher ? ....
b - Vous êtes capable de vous ruiner :
☐ pour une femme ?
☐ pour un homme ?
☐ au jeu ?
☐ pour un tableau de maître ?
☐ autre :

La liste d'Antonio Silva

1 - Lisez

Antonio Silva rentre à Rio de Janeiro, le dimanche 22 mai à 22 h 00.
En France, les magasins n'ouvrent pas le dimanche. Il a le samedi pour acheter ce qu'on lui a demandé.

Voici sa liste d'achats :

- des ciseaux... pour le coiffeur de Fatima ;
- une chemise de paysan russe pour l'ami acteur de Luisa ;
- un cédérom, La grammaire progressive du français pour Luis ;
- une eau de parfum pour Marilu, ma secrétaire ;
- n'importe quoi de bien pour Luiza et Fatima ;
- des chaussures Jourdan pour le directeur d'Orval Brésil ;
- quelque chose pour maman, ma belle-mère, mon père, mon beau-père, mon frère, mon oncle Vicente...

Achetez quelque chose !
Prenez quelque chose !
Dites quelque chose !
Achetez n'importe quoi **de bien ! de pas cher ! de nouveau !**
Avec n'importe quoi, elle est élégante !

2 - Consultez votre dictionnaire et traduisez

ciseaux : ....
coiffeur : ....
chemise : ....
paysan : ....
cédérom : ....
chaussures : ....

3 - Conseillez monsieur Silva

Donnez une suggestion de cadeau à Monsieur Silva. Quel cadeau achèteriez-vous pour :

a – sa femme ? ....
b – sa fille ? ....
c – sa mère ? ....
d – sa belle-mère ? ....
e – son père ? ....
f – son beau-père ? ....
g – son frère ? ....
h – son oncle ? ....

Je suis pressé

5. Sorties
PENDANT CE TEMPS-LÀ

1 - Lisez

Le samedi matin, à 10 h 00, Antonio Silva entre dans un grand magasin. Il va tout droit au rayon parfumerie. Il s'adresse à la première vendeuse qu'il rencontre.

2 - Écoutez et répondez

a - Quels parfums sont pour femmes ?

	Vous connaissez	Vous utilisez
Chloé	☐	☐
Chanel	☐	☐
Poison	☐	☐
Dolce Vita	☐	☐
Polo	☐	☐
Jules	☐	☐

	Pour femmes	Pour hommes
Chloé	☐	☐
Chanel	☐	☐
Poison	☐	☐
Dolce Vita	☐	☐
Polo	☐	☐
Jules	☐	☐

b - La liste d'Antonio Silva est longue, son temps est court. Il demande à la vendeuse de l'aider.
Écoutez :
« Vous ne pourriez pas m'aider ? »
La vendeuse accepte ? ....

c - « Je suis pressé » veut dire :

☐ Je n'ai pas une minute.
☐ J'ai beaucoup de temps.

3 - Écoutez

Antonio Silva a aussi demandé l'aide de Mme Grandin au cocktail de clôture du séminaire « Produits nouveaux ».

a - Imaginez qu'Antonio Silva demande aussi à Mme Grandin où acheter :
— le cédérom de grammaire pour son fils ;
— la chemise de paysan russe pour l'ami acteur de sa fille.

b - « Vous me sauvez ! » signifie :
☐ Grâce à vous, je n'ai plus de problème.
☐ Merci, mais je ne comprends pas.

4 - Dites-le-nous !

Quand vous voyagez, vous achetez beaucoup de choses ?

5. Sorties
DÉCOUVREZ

Le Louvre

1 - **Observez, lisez**

Pour visiter Le Louvre

Accès : l'entrée principale se fait par la Pyramide.

Parking : le parking Carrousel-Louvre offre 620 places de voitures.

Informations : informations générales sur répondeur 01 40 20 51 51, sur Minitel 3615 ou sur Internet http://www.louvre.fr

Audio-guides (audiophones) : ils sont disponibles en six langues.

Visites guidées : il y a des visites-conférences tous les jours sauf mardi et dimanche. Elles durent 1 h 30.
Pour les groupes, la réservation est obligatoire : 01 40 20 51 77

Restaurants et cafés : sous la Pyramide, le restaurant gastronomique Le Grand Louvre (01 40 20 53 41).
La Café du Louvre, le Café Napoléon et la Cafétéria sont en libre-service.

Les boutiques : dans les galeries du Carrousel, on trouve une carterie, une librairie, un cinéma, un théâtre, des boutiques de mode et d'objets d'art.

Il faut faire la queue pendant une heure.

C'est toujours occupé !

C'est bien mais je ne comprends rien !

C'est cher ?

Par où on y va ?

5. Sorties
DÉCOUVREZ

2 - Cochez la (les) bonne(s) réponse(s)

a - Pour ne pas faire la queue pendant une heure, il faut :
- ☐ arriver tôt ;
- ☐ venir seul ;
- ☐ venir le lundi ;
- ☐ éviter le dimanche ;
- ☐ prendre rendez-vous.

b - Pour avoir des informations, il ne faut pas :
- ☐ téléphoner ;
- ☐ descendre sous la Pyramide ;
- ☐ payer ;
- ☐ consulter la page du musée sur Internet ;
- ☐ être pressé ;
- ☐ consulter le Minitel.

c - Il ne comprend rien, vous lui dites :
- ☐ de demander un audiophone dans sa langue ;
- ☐ de suivre une visite guidée dans une langue qu'il comprend.

d - « Par où on y va ? »

Que lui dites-vous ?

Complétez :

.... au bureau d'informations. !

3 - Regardez

- L'entrée du musée du Louvre est au sous-sol.
- Les galeries sont à l'entresol, au rez-de-chaussée, au premier et au deuxième étage.
- Dans votre établissement, où est votre classe ?
  - ☐ à l'entresol
  - ☐ au rez-de-chaussée
  - ☐ au premier étage
  - ☐ au huitième étage

4 - Écoutez et complétez

	Entresol	rez-de-chaussée
- La Vénus de Milo	☐	☐
- La Joconde	☐	☐
- Les Antiquités égyptiennes	☐	☐

	premier étage	deuxième étage
- La Vénus de Milo	☐	☐
- La Joconde	☐	☐
- Les Antiquités égyptiennes	☐	☐

2ᵉ étage
Peintures françaises
Dessins français
Peintures allemandes, flamandes et hollandaises
Dessins allemands, flamands et hollandais

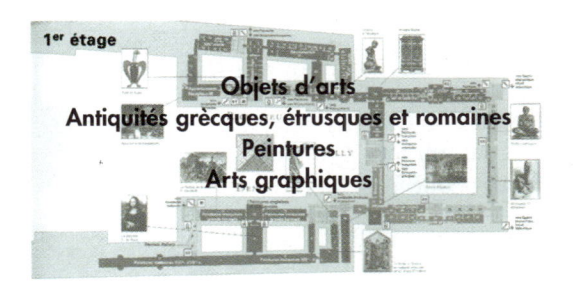

1ᵉʳ étage
Objets d'arts
Antiquités grècques, étrusques et romaines
Peintures
Arts graphiques

Rez-de-chaussée
Sculptures
Antiquités orientales
Antiquités Égyptiennes
Antiquités grècques, étrusques et romaines

Entresol
Accès aux collections
Antiquités orientales / Arts d'Islam
Sculptures
Antiquités Égyptiennes
Antiquités grècques, étrusques et romaines
Histoire du Louvre / Louvre médiéval

5 - À vous !

Si vous visitez Le Louvre, qu'est-ce que vous irez voir ?

Saint-Germain-des-Prés

1 - Regardez et répondez

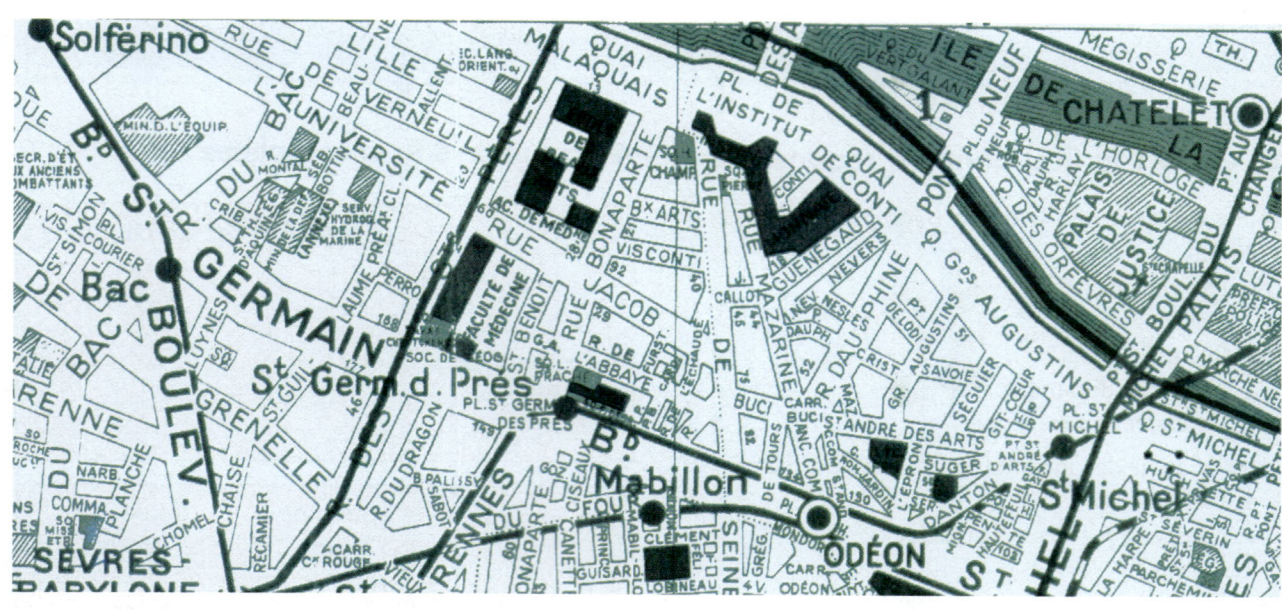

Un quartier de Paris : Saint-Germain-des-Prés.

a - Les rues de Saint-Germain-des-Prés sont :
  ☐ larges ; ☐ étroites.

b - Par où passer pour aller de la fontaine Saint-Michel à la place Saint-Germain-des-Prés ?
....

Camille Claudel a vécu dans cet immeuble.

2 - Écoutez 🎧 et répondez

a - Dans quel ordre sont présentés :
  ☐ les plaques commémoratives ?
  [1] les vitrines ?
  ☐ les gens ?
  ☐ le café de Flore ?
  ☐ les restaurants ?
  ☐ le Procope ?

b - On parle des vitrines :
  ☐ de pharmacies ?
  ☐ de vêtements ?
  ☐ de parfumerie ?
  ☐ de chaussures ?
  ☐ de librairie ?
  ☐ d'antiquaires ?

c - On vous conseille :
– de partir de quel endroit ?
....

– pour arriver à quel endroit ?
....

d - Connaissez-vous les artistes nommés ?
Complétez :

	Musicien	Écrivain	Peintre
Richard Wagner	☒	☐	☐
Jorge Luis Borges	☐	☐	☐
Édouard Manet	☐	☐	☐
Jean-Paul Sartre	☐	☐	☐
Eugène Delacroix	☐	☐	☐
Voltaire	☐	☐	☐

e - Un antiquaire vend :
  ☐ des objets d'avant-garde.
  ☐ des objets anciens.

5. Sorties
DÉCOUVREZ

3 - Regardez et lisez

« Je suis allé au Louvre et je n'ai pas vu la Joconde. Je regrette vraiment. »

« À Paris, j'ai dépensé beaucoup d'argent, mais je ne regrette pas. »

— À Sidney, j'ai rencontré une Française magnifique. Je n'ai pas pu lui parler.
— Tu regrettes ?

4 - Écoutez, lisez et retenez

Vous pourrez ne pas vous arrêter devant les vitrines de chaussures ou de vêtements, mais résisterez-vous à celles des antiquaires ?

ne pas s'arrêter :

ne pas avant le verbe marque la négation à l'infinitif.

a - Vous lirez :
« Prière de ne pas fumer. »
« Prière de ne pas toucher. »
« Prière de ne pas photographier. »

b - Vous mettrez, à la porte de votre chambre d'hôtel, l'avis :
« Prière de ne pas déranger. »

c - Hamlet dit : « Être ou ne pas être ».
Comme lui, dites des choix difficiles.
Suggestions :
— Travailler ou... ....
— Étudier ou... ....
— Se marier ou... ....

À vous !

.... ou ....
.... ou ....

La Géode

1 - Lisez et regardez

La Géode est la salle de cinéma la plus originale et la plus moderne de Paris.
C'est le chef-d'œuvre de l'architecte Alain Fainsilber. Elle a été inaugurée en 1985.

Cité des Sciences et de l'Industrie : La Géode.

2 - Écoutez et complétez

a - La Géode est la plus grande salle de projection Omnimax du monde.
b - La Géode, c'est une sphère de .... de diamètre.
c - C'est un écran de ....
d - C'est un son potentiel de ....
e - C'est une image de ....
f - En Omnimax, il faut .... de film pour .... de projection.

3 - Lisez

La Géode

26, avenue Corentin-Cariou Paris 19ᵉ
M° La Villette
Tél. : 01 40 05 12 12
PL : 9 euros, TR : 7 euros, TG : 5 euros
GS du lun au sam 15 h sf fêtes
Tlj à partir de 18 h 30 : 2 films pour 10 euros
Loc + 0,5 euros par billet (CB) de 9 h 00 à 18 h 00

4 - Les abréviations

Comprenez-vous les abréviations des informations données sur la Géode ?

M° : *métro*
PL ....
TR : ....
TG : ....
GS : ....
CB : ....
Loc : ....
lun : ....
sam : ....
Tlj : ....
sf : ....

TR : tarif réduit aux catégories indiquées
CB : cartes bancaires acceptées
TG : tarif de groupe
GS : groupes scolaires

Abréviations utiles
m = mètre
m² = mètre carré
km = kilomètre
W = watt
° = degré

5 - Écoutez et écrivez les abréviations que vous reconnaissez

1 .... ; 2 .... ;
3 .... ; 4 .... ;

6 - Écoutez de nouveau et indiquez les impératifs que vous entendez

	ayez	soyez	faites
1	☐	☐	☐
2	☐	☐	☐
3	☐	☐	☐
4	☐	☐	☐

5. Sorties
DÉCOUVREZ

7 - Transformez

Si vous voulez ne pas attendre, il faut avoir de la monnaie → **Pour ne pas attendre, ayez de la monnaie.**

— Si vous ne voulez pas faire la queue, il faut être là avant l'heure :

— Si vous voulez avoir une place, il faut faire une réservation :

— Si vous souhaitez profiter du tarif étudiant, il faut avoir votre carte sur vous :

Les impératifs utiles
Avoir : Ayez toujours sur vous des cartes de visite !
Être : Soyez ponctuel !
Faire : Faites vite, nous sommes pressés.
Vouloir : Veuillez excuser notre retard.

Les mots pour le dire

Pour conseiller
— Si je peux me permettre un conseil…
— Goûtez le Montrachet, il est excellent !
— Pour ne pas grossir, rien ne vaut l'artichaut.
— Si vous ne voulez pas faire la queue, soyez là une heure avant.

Pour apprécier quelque chose
— C'est beau.
— Ce n'est pas très beau.
— C'est très beau.
— C'est bon.
— Ce n'est pas bon.
— C'est très bon.

Pour offrir son aide
— Je peux vous aider ?
— En quoi puis-je vous aider ?

Pour indiquer une proportion
— Un homme sur deux est triste.
— Un sur deux = la moitié = 1/2.
— Un sur trois = le tiers = 1/3.
— Un sur quatre = le quart = 1/4.

Pour demander de l'aide
— Vous ne pourriez pas m'aider ?
— Je peux vous demander un service ?
— Est-ce que je pourrais vous demander quelque chose ?
— Qu'est-ce que tu en penses ?

Pour désigner un objet sans préciser
— Achetez quelque chose pour votre sœur.
— Achetez n'importe quoi, mais achetez quelque chose.

5. Sorties
Débrouillez-vous

24 heures à Paris

M. (ou Mme) X est à Londres pour affaires (ou à Amsterdam, à Bruxelles, à Rome...). Surprise, il (elle) peut disposer de 24 heures. 24 heures ? Mais c'est l'occasion de connaître Paris !

1 - Imaginez la situation

À deux, vous imaginez ces 24 heures de découverte de Paris.

a - Qui est M. (ou Mme) X (nationalité, âge, profession, entreprise, etc.) ?
b - Situation de M. (ou Mme) X.
– Où est-il (elle) ?
– Quand apprend-il (elle) qu'il (elle) dispose de 24 heures ?

c - Il ou Elle prépare son aller et retour à Paris :
– Il ou Elle décide de son transport.
– Il ou Elle décide de son logement.
– Il ou Elle fait le nécessaire pour avoir des billets, des réservations, etc.

d - Il ou Elle prépare son séjour à Paris.
– Priorités 1, 2, 3, 4, 5.
– Organisation : matin, midi, après-midi, soir, après minuit.

2 - Inventez un scénario

À vos camarades, vous présentez les éléments d'une histoire possible.
Vous écoutez ce que les autres proposent.
Certaines histoires peuvent être jouées.
Qui a imaginé le meilleur scénario ?

5. Sorties
DÉBROUILLEZ-VOUS

À Paris cette semaine

Week-end à Paris...
3 jours /2 nuits, à partir de **10 005 FF - 1525€**

Ce soir là, Ville Lumière brillera plus que jamais de tous ses feux.

Depuis l'hôtel Alliance St Germain****, charmant établissement construit dans les années 20, et situé au cœur du quartier de Saint Germain des Prés, vous pourrez facilement visiter la capitale, découvrir ses merveilles architecturales, ses petits ou grands restaurants, et faire votre shopping de fête. Le 31 Décembre, vous embarquerez sur le "Montebello", magnifique yacht fluvial pour une croisière gourmande. Vous prendrez l'... dîner de gala da... revêtue d'acajou... rer Paris illumi... minuit, vous ass... fice tiré sous la ... fera danser.

Visitez Paris en bateau-mouche!
Les Frégates du pont de l'Alma
Réservez votre dîner-spectacle
Venez en famille !

OPERA NATIONAL DE PARIS

Porte de Versailles du 22 au 30 mai
FOIRE DE PARIS
La France entière s'y retrouve !

Cette année la gastronomie au naturel de nos terroirs est en vedette !

Saison du Centre de musique baroque
Printemps musical
du chateau de Courbelles

Du 8 au 25 mai

6. Toutes directions
LA VIE COMME ELLE VA

En voiture !

1 - Écoutez puis lisez

Nous sommes le mardi 24 mai. Il fait un temps magnifique. À la porte du 42, rue Jeanne d'Arc, Claudine et Robica attendent Igor. Claudine a un sac de voyage, Robica, une petite valise. Elles bavardent, elles rient, elles ne voient pas Igor qui arrive au volant du dernier modèle haut de gamme Renault.

2 - Répondez

a – La voiture d'Igor est de quelle catégorie ?
☐ économique ; ☐ moyenne ; ☐ haut de gamme.

b – Elle a : ☐ plus de dix ans ; ☐ entre deux et cinq ans ; ☐ mois d'un an.

3 - Regardez cette offre et répondez

Tarif location	
Catégorie du véhicule	Prix à la journée
A	38 €
B	53 €
C	121 €

a – Vous choisirez quel modèle ? ....
En fonction : ☐ de la voiture ? ☐ du prix de location ?

b – Et vous, vous avez une voiture ? ....
Si oui, quel modèle ? ....

c – Est-ce que vous aimez conduire ? ....

Voiture de catégorie économique.   Voiture de catégorie moyenne.   Voiture de catégorie haut de gamme.

6. Toutes directions
LA VIE COMME ELLE VA

Il faut être fou !

1 - Regardez, prononcez

vitre
places arrières
pneu
place avant
phare
volant
ceinture
place du chauffeur

2 - Écoutez 🎧 et répondez

a – Igor dit : « La location, c'est la solution ! »
Solution de quels problèmes ?
☐ stationner ; ☐ conduire ; ☐ circuler ;
☐ payer des taxes ; ☐ garer sa voiture.

b – Il dit aussi : « On perd un temps fou ! »
Il pense à la circulation : ☐ facile ; ☐ difficile.

c – Comment est la circulation dans votre ville ?
....

Vous mettez combien de temps pour venir à
votre cours de français ? ....
Un temps fou ? ....

3 - Écoutez 🎧 : « et alors ! »

« Et alors, vous ne me reconnaissez pas ? »
« Et alors » marque ici :
☐ la joie ; ☐ la déception ; ☐ la curiosité.

4 - Écoutez 🎧, répétez et cochez

5 - Écoutez 🎧 : « il faut être fou ! »

« Il faut être fou pour avoir une auto à Paris ! »
« Il faut être fou pour » signifie :
☐ c'est absurde ;
☐ c'est un petit problème ;
☐ ce n'est pas bien ;
☐ c'est magnifique.

6 - Qu'est-ce que vous pensez…

… d'aller en France ?
– Aller en France ? C'est magnifique !

— de payer 200 euros pour une bouteille de vin ?
....

— d'apporter des cadeaux à chacun de vos voyages ?
....

— de circuler en voiture décapotable à Paris ?
....

— de voyager en avion avec des fromages dans votre sac ?
....

— de mettre un smoking pour une réception d'entreprise ?
....

	Joie	Déception	Curiosité
1. Et alors, on part ?	☐	☐	☒
2. Et alors, vous avez perdu votre passeport ?	☐	☐	☐
3. Et alors, vous avez gagné un billet d'avion ?	☐	☐	☐
4. Et alors, Mme Dumont vous a invité à dîner ?	☐	☐	☐
5. Et alors, vous êtes arrivés en retard ?	☐	☐	☐

Fontevraud

1 - Faites votre itinéraire

L'île aux Moines

a – Regardez cette carte et proposez votre itinéraire pour aller de Paris à l'île aux Moines. Voici des constructions utiles :
— Moi, je passerai par…
— ensuite par…
— puis par…
— finalement…
— Il faut passer par…
— Il faut être fou pour passer par…

b – Discutez de l'intérêt de votre itinéraire avec vos camarades.

L'abbaye de Fontevraud.

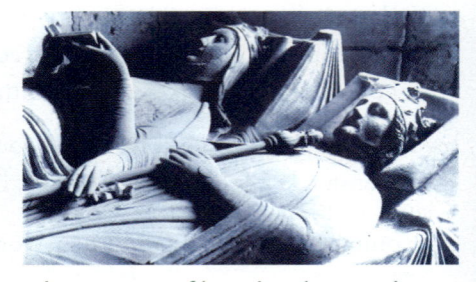

Aliénor et son fils Richard Cœur de Lion.

Le château d'Azay-le-Rideau.

2 - Écoutez et répondez

a – Écoutez l'itinéraire que propose Igor.

b – Dans votre classe, quelqu'un a proposé de passer par Tours ?
....

c – Vous vous souvenez d'Aliénor ? ....
— Elle a vécu : ☐ à l'époque de Jules César ?
☐ au Moyen Âge ? ☐ au XVIIIe siècle ?
— Elle a été : ☐ poète ? ☐ reine ? ☐ danseuse ?
— Quelle est la relation entre Aliénor et Fontevraud ?
....

d – Igor a raison de passer par Fontevraud ? ....
Pourquoi ? ....

Le château de Chinon.

6. Toutes directions
LA VIE COMME ELLE VA

3 - Observez et complétez

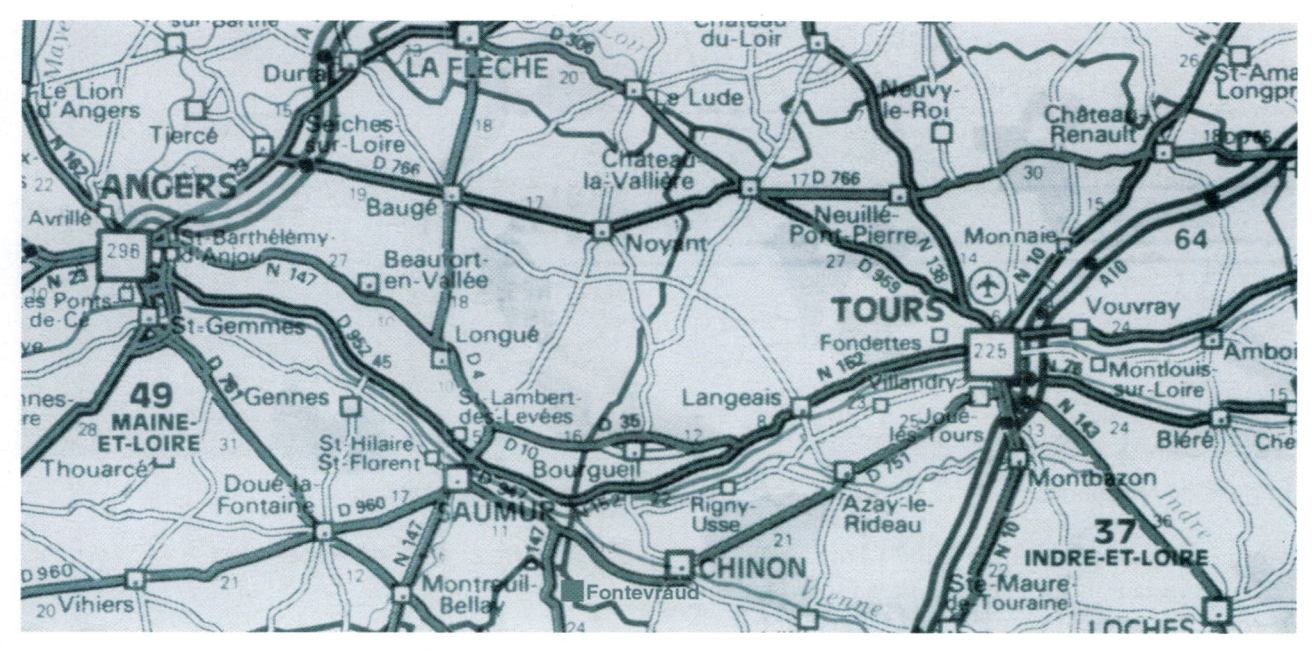

a - Cherchez Azay-le-Rideau ; Chinon ; Fontevraud.
b - De Tours à Fontevraud, Igor va passer par ....
c - Il va rouler : ☐ à 130 km/h ; ☐ à 90 km/h ; ☐ à moins de 80 km/h.

4 - Regardez la photo et lisez

Claudine, Robica et Igor visitent Fontevraud. Ils suivent un groupe de touristes conduits par un guide.

5 - Écoutez 🎧 et répondez

— Les visiteurs sont :
  ☐ dans le jardin ;
  ☐ dans le cloître ;
  ☐ dans l'église.
— La dame connaît Aliénor :
  ☐ parce qu'elle aime l'histoire ;
  ☐ parce qu'elle a vu le film *Un lion en hiver* ;
  ☐ parce qu'elle est féministe.

6 - Écoutez 🎧 et lisez

Claudine, Robica et Igor sortent de l'abbaye.
Qui déclare :

	Robica	Igor	Claudine
« Vivre c'est facile » ?	☐	☐	☐
« Vivre c'est moins facile » ?	☐	☐	☐
« Vivre ce n'est jamais facile » ?	☐	☐	☐

Qui a raison ? ....

Visite de l'abbaye de Fontevraud.

103 - cent trois

Arrivée à l'île aux Moines

1 - Regardez et lisez

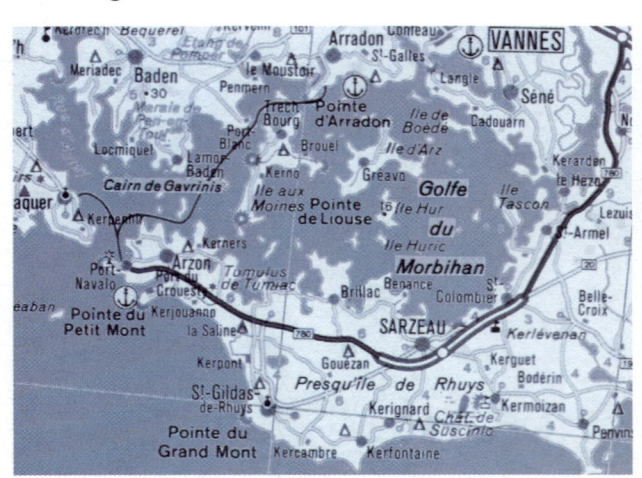

Le golfe du Morbihan.

Une maison de capitaine.

Igor et ses passagères ont déjeuné à Fontevraud, au très bon restaurant de l'abbaye. Ils ont ensuite repris la route. Ils sont passés par Nantes, puis Vannes. Au coucher du soleil, ils sont arrivés à Port-Blanc. Là, ils ont laissé la voiture. Ils ont pris un bateau pour l'île aux Moines. Un taxi les a conduits à « La rose des vents », la propriété du grand-père d'Igor, près de Kergonan.

2 - Écoutez et répondez

— Igor laisse la voiture à Port-Blanc. Pourquoi ?

— Ils vont comment sur l'île aux Moines ?

— Qu'est-ce qui s'appelle « La rose des vents » ?

3 - Écoutez et répondez

— Igor est fatigué ?

— Il accepte de faire un petit tour ?

— Ils voient le paysage ?

— Claudine veut sortir dans la nuit. Pourquoi ?

— La famille d'Igor vient dans l'île :
☐ depuis 20 ans ; ☐ depuis 130 ans ;
☐ depuis les années 30.

— La maison est utilisée :
☐ pour les vacances ; ☐ pour les week-ends ;
☐ pour les mariages.

— L'île s'appelle l'île aux Moines ou Izenach ?

Faisons un petit tour !

Faisons une promenade !

Partons en randonnée !

6. Toutes directions
LA VIE COMME ELLE VA

Première journée à l'île aux Moines

1 - Observez et répondez

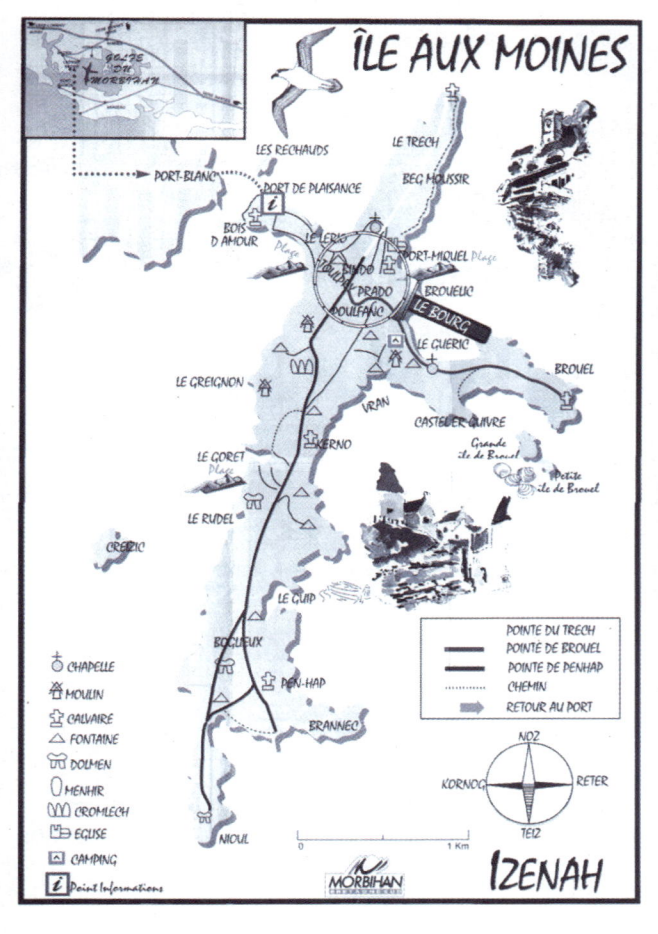

Voile   **Ski nautique**   **Vélo**

Plage   **Randonnée**   **Cheval**

À l'île aux Moines, quelles seraient vos activités ?

Le matin : ....

Le midi : ....

L'après-midi : ....

Au coucher du soleil : ....

La nuit : ....

2 - Regardez et lisez

Coucher de soleil à Kergonan.

Igor a travaillé toute la journée. Le matin, Claudine et Robica sont allées faire des courses à Kergonan. Elles y sont allées à vélo.
Ensuite, elles ont préparé le déjeuner.
L'après-midi, elles ont pris un bain de soleil sur la plage. Robica a voulu se baigner mais l'eau était très froide.

3 - Écoutez et répondez

a – Quel a été le programme d'Igor aujourd'hui ?
....

b – Quel a été le programme de Robica et de Claudine ?
....

c – Et le vôtre ?
....

La vie à Izenach

1 - Regardez, lisez et répondez

Dimanche 26 mai

Marées	Pleines mers		Basses mers	
	Matin	Soir	Matin	Soir
Deauville	11 h 24	23 h 38	07 h 11	19 h 29
Ouistreham		12 h 13	07 h 06	19 h 23
Cherbourg	10 h 29	22 h 42	04 h 53	17 h 08
Granville	08 h 47	21 h 02	03 h 32	15 h 48
Saint-Malo	08 h 40	20 h 57	03 h 10	15 h 28
Paimpol	08 h 23	20 h 40	02 h 33	14 h 51
Roscoff	07 h 36	19 h 50	01 h 41	13 h 57
Brest	06 h 26	18 h 44	00 h 29	12 h 44
Concarneau	06 h 03	18 h 18	00 h 01	12 h 16
Port-Tudy	06 h 05	18 h 19	00 h 04	12 h 19
Port-Navalo	06 h 26	18 h 38	00 h 20	12 h 35
La Baule	06 h 09	18 h 24	00 h 13	12 h 28
Pornic	05 h 47	18 h 04	00 h 15	12 h 31
Les Sables	06 h 01	18 h 16		12 h 11

a – Le dimanche 26 mai dans le golfe du Morbihan à Port-Navalo :

La marée sera haute à ....

La marée sera basse à ....

b – Il fera : ☐ beau ; ☐ mauvais.

c – Ce sera un temps favorable pour :
☐ se baigner ; ☐ faire des promenades ;
☐ travailler ; ☐ voir la télévision.

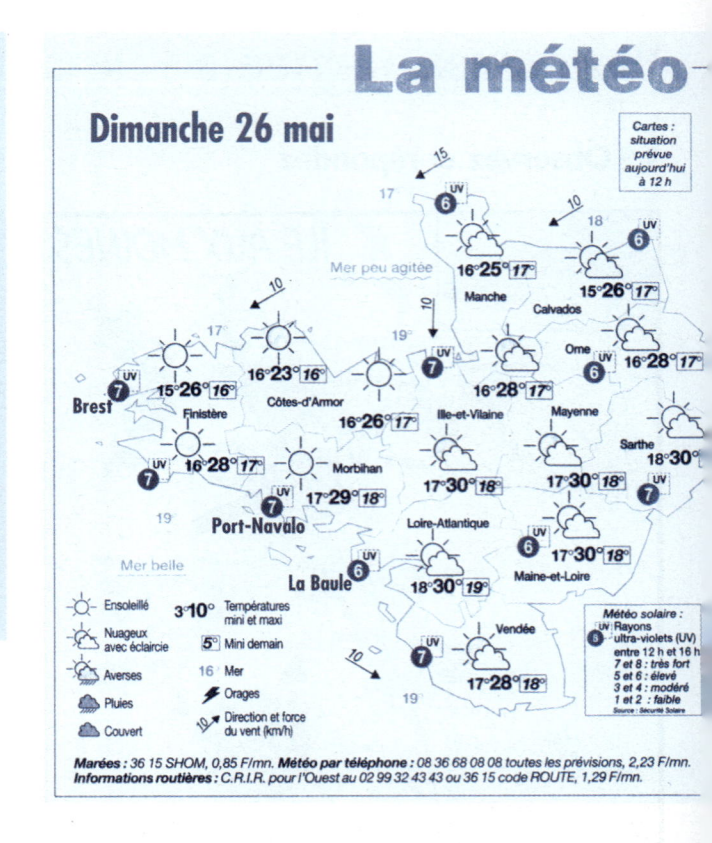

Orage Pluie Temps variable Beau temps

2 - Écoutez et lisez

Nous sommes le samedi 25 mai. Il est huit heures du soir. Le coucher du soleil est magnifique. Robica et Claudine suivent Igor sur un petit chemin au bord de la mer : un chemin de douaniers. Ils s'arrêtent pour admirer le paysage.

Un douanier.

Un chemin. Une route. Une autoroute.

6. Toutes directions
LA VIE COMME ELLE VA

3 - Regardez

La pêche...

... des coquillages.

4 - Écoutez et répondez

Que propose Igor à Claudine et Robica pour le lendemain matin ?

— Les coquillages se prennent : ☐ à marée haute ?
   ☐ à marée basse ?
— Robica et Claudine acceptent d'aller à la pêche aux coquillages ?

— Qu'est-ce qui préoccupe Claudine ?

— Qu'est-ce qui préoccupe Robica ?

— Est-ce que vous pensez que la pêche des deux jeunes femmes sera :
   ☐ bonne ? ☐ pas très bonne ? ☐ mauvaise ?

5 - Regardez et répondez

Un fest-noz.

— Est-ce que vous avez entendu de la musique celtique ?

— Igor dit : « Robica, tu aimeras. » Votre commentaire ?

6. Toutes directions
PENDANT CE TEMPS-LÀ

Un retraité cordial

1 - Regardez, lisez

Gare de Lyon ; affichage des horaires des trains.

Composition des TGV.

Pablo Revueltas va à Nice voir sa sœur Carmen. Il est gare de Lyon. Il va prendre le TGV 916 qui part à 10 h 32 quai 12. Il regarde le panneau où les trains sont annoncés. Un homme d'une soixantaine d'années lui parle.

2 - Répondez

— La sœur de Pablo Revueltas habite à Nice. Pourquoi ?

....

— Est-ce que vous connaissez la signification de « TGV » ?

....

3 - Écoutez 🎧 et répondez

a - L'homme qui parle à Pablo le connaît ? ....

b - Pourquoi est-ce qu'il lui parle ?
....

c - Une amende, c'est :
☐ de l'argent qu'on reçoit ;
☐ de l'argent qu'on donne.

d - « Les bornes, ça ne parle pas. »
L'homme qui aide Pablo est :
☐ silencieux ; ☐ bavard.

e - Un retraité est :
☐ quelqu'un qui n'a pas de travail ;
☐ quelqu'un qui ne travaille plus à cause de son âge ;
☐ quelqu'un qui travaille encore.

f - Pablo Revueltas voyage dans la voiture
....
Le retraité voyage dans la voiture
....

Une borne de compostage.

6. Toutes directions
PENDANT CE TEMPS-LÀ

4 - Regardez, lisez et complétez

Paris/Ile de France ⇔ Cote d'Azur

☐ TGV circulant ce jour-là
★ TGV circulant en période de pointe

Pour connaître le prix de votre billet,
Consultez : les pages 25 à 27

N° du TGV		843	9526	845	9532	815	847	849	9542	835	841
Particularités		⚐	(1)		(1)(3)				(1)		⚐ (2)
Restauration		🍽		🍽			🍽		🍽	(5)
Paris Gare de Lyon	D	7.48		11.12		12.06	13.49	14.46		17.42	22.05
Aéroport Charles de Gaulle TGV	D		10.04		11.24				17.05		
Marne la Vallée Chessy ♥	D		10.19		11.39				17.19		
Marseille	A		15.00		16.18	16.32			21.56	22.03	
Toulon	A	12.46	a		17.01	a		19.41	a	22.53	5.00
Les Arcs Draguignan	A		a		17.38		19.17		a		
Saint-Raphael	A	13.42	a	16.48	17.56	a	19.36	20.38	a	a	5.49
Cannes	A	14.06	a	17.14	18.20	a	20.00	21.03	a	a	6.15
Antibes	A	14.18	a	17.26	18.32	a	20.13	21.15	a	a	6.27
Nice	A	14.33	a	17.43	18.49	a	20.30	21.30	a	a	6.44
Monaco	A			18.06							
Menton	A			18.16							
Ventimiglia	A			18.30							

Horaires des TGV, gare de Lyon.

Paris CDG 2 → Nice

1234567 **07.20** F **08.50**
1234567 **09.55** F **11.25**
1234567 **11.10** F **12.40**
1234567 **12.45** F **14.15**
1234567 **16.00** F **17.30**
1234567 **18.25** F **19.55**
1234567 **19.30** F **21.00**
1234567 **21.10** F **22.40**

Horaires des vols à Roissy-Charles-de-Gaulle (CDG).

a - Pour aller de Paris à Nice en TGV :
— on peut partir de ....
et de ....
— Quel est l'itinéraire le plus rapide ? ....

b - Vous, comment est-ce que vous irez de Paris à Nice ?

5 - À vous !

Quand vous prenez l'avion :
☐ vous voyagez en première ; ☐ vous voyagez en classe affaires ; ☐ vous voyagez en classe touristes.

PHONÉTIQUE 🎧

Les sons [r] et [l]
1 - Écoutez.
2 - Écoutez à nouveau et répétez.
3 - Prononcez :
bar - cheval - île - sœur - choisir - seul.
4 - Notez si vous entendez [R], [l] ou [R] et [l].

	[R]	[l]	[R] et [l]
1	☐	☒	☐
2	☐	☐	☐
3	☐	☐	☐
4	☐	☐	☐
5	☐	☐	☐
6	☐	☐	☐
7	☐	☐	☐

Distinguez entre *ont*, *vont*, *sont* et *font*.
1 - Écoutez
2 - Écoutez à nouveau et répétez.
3 - Prononcez :
- Ils sont là. - Elles vont là. - Ils font ça.
- Mes camarades ont ceci. - Ils ont tout.
4 - Notez si vous entendez *ont*, *vont*, *font* ou *sont*.

ils/elles	ont	vont	sont	font
1	☐	☒	☐	☐
2	☐	☐	☐	☐
3	☐	☐	☐	☐
4	☐	☐	☐	☐
5	☐	☐	☐	☐
6	☐	☐	☐	☐
7	☐	☐	☐	☐

Sophie se marie

La mariée est belle.

1 - Regardez la photo, lisez et répondez

On peut tout se dire par lettre, téléphone, fax ou internet. Mais certaines choses se disent mieux quand on se voit. Carmen et Pablo se retrouvent, ils se donnent les dernières nouvelles de la famille.

a - Quelle nouvelle va être annoncée ?
   Quelqu'un va se ....
b - Qui va annoncer cette nouvelle à qui ? ....
c - Imaginez le dialogue.

2 - Écoutez et répondez

a - Qui va se marier ? ....

b - Avec qui ? ....

c - Le père de Sophie :
   ☐ est heureux du mariage de sa fille ;
   ☐ est opposé au mariage de sa fille ;
   ☐ pense qu'elle devrait attendre.

d - Que pense Carmen ?
....

e - Qu'est-ce que vous conseillez à Sophie ?
   Utilisez :

   C'est mieux – Il faut – Tu devrais – C'est bien –
   Il ne faut pas – Tu as raison…

3 - À vous !

Pour annoncer une nouvelle surprenante

Tu ne devineras jamais ce qui…
   ce que…
   comment…
   quand…
   pourquoi…

Pour donner la réponse
Tu ne trouveras jamais…

Utilisez cette forme d'expression pour :

a - annoncer une rencontre surprenante ;
b - annoncer votre façon originale de venir à votre cours aujourd'hui ;
c - annoncer que vous avez gagné à la loterie ;
d - annoncer une chose extraordinaire pour vous.

6. Toutes directions
PENDANT CE TEMPS-LÀ

4 - À vous !

Objectif ou subjectif ?

Soyez objectif
Il reste deux ans.

Soyez subjectif
A - Il reste **à peine** deux ans !
B - Il reste **encore** deux ans !

a - Indiquez A ou B.

☐ Les deux ans sont très longs.
☐ Les deux ans vont passer très vite.

b - Trouvez la légende :
....
....

c - Trouvez la légende :
....
....

d - Complétez.
— Pour votre voyage en France, il manque
....
— Avant l'augmentation de votre salaire, il faut
....

La promenade des Anglais à Nice.

L'Italien internaute

1 - Regardez et répondez

[Image of CD cover: Rossini – L'ITALIANA IN ALGERI, Berganza · Alva · Corena · Panerai, Orchestra e Coro del Maggio Musicale Fiorentino, Silvio Varviso. Libretto details by Angelo Anelli with cast: Isabella – Teresa Berganza; Lindoro – Luigi Alva; Mustafà – Fernando Corena; Taddeo – Rolando Panerai; Elvira – Giuliana Tavolaccini; Zulma – Miti Truccato Pace; Haly – Paolo Montarsolo. Chorus master: Adolfo Fanfani. Harpsichord continuo: Umberto Vedovelli.]

a – *L'Italienne à Alger*, c'est :
☐ un roman ; ☐ un film ; ☐ un opéra.

b – Son auteur s'appelle ....

c – Quelle est sa nationalité ? ....

2 - Écoutez et répondez

a – Quelle est la profession de Jean-Luc Gaillard ?
....

b – Il travaille :
☐ seul ; ☐ dans un hôpital.

c – 8 heures. C'est l'heure :
☐ du déjeuner ; ☐ du petit-déjeuner.

d – Il y a :
☐ du thé ; ☐ des œufs ; ☐ du jambon ; ☐ du café ; ☐ des croissants ; ☐ des oranges ; ☐ du beurre ; ☐ de la bière.

e – Le docteur Gaillard fait écouter une musique. Vous la connaissez ?
....
....

3 - Écoutez et répondez

a – Quel est le programme prévu pour la soirée ?
....

b – Trouver une place à l'opéra de Nice, c'est facile ?
....

c – La représentation de ce soir est avec quel orchestre ? ....

d – Quels chanteurs participent à cette représentation ? ....

e – Le metteur en scène est de Nice aussi ? ....

f – Le Belvédère est le nom d'un restaurant :
☐ gastronomique ;
☐ populaire ;
☐ type brasserie.

g – À votre avis, il est cher ? ....

h – Sophie est musicienne ? ....

i – La nuit :
☐ elle étudie, comme dit sa mère ;
☐ elle dialogue avec Lucca sur Internet.

4 - À vous !

Vous êtes internaute ? ....

Vous avez une adresse électronique ? ....

Une page web ? ....

6. Toutes directions
PENDANT CE TEMPS-LÀ

5 - Imaginez et jouez
Inventez un jeu de devinettes qui commence par :
« Vous ne devinerez jamais avec qui j'ai dialogué cette nuit par internet ? »

6 - Regardez et lisez

Trois créateurs :

Gioacchino Rossini (1792-1868) a composé de nombreux opéras et inventé un plat célèbre : le tournedos Rossini.

Jean-Paul Sartre (1905-1980) a écrit *Les Mains sales*, *Les Mots*, *l'Être et le Néant*, et beaucoup d'autres œuvres.

Beethoven (1770-1827) a composé la *Symphonie pastorale*, la *Sonate au clair de lune*, l'opéra *Fidelio* et beaucoup d'autres œuvres connues.

7 - Répondez

— Vous connaissez l'un de ces trois créateurs ?
....
— Lesquels sont musiciens, lequel est écrivain ?
....
— Vous avez déjà entendu la *Symphonie pastorale* ?
....
— Vous avez déjà lu (ou vu) *Les Mains sales* ?
....
— Vous avez déjà mangé un « tournedos Rossini » ? ....

8 - À vous !
Recommandez à vos collègues une œuvre musicale, un livre, un film, un plat... que vous aimez particulièrement.

6. Toutes directions
DÉCOUVREZ

La France, pays d'histoires

1 - Regardez et lisez

Chenonceaux : Louise de Lorraine mourut dans **cette** chambre.

Fontainebleau : Napoléon a dormi dans **ce** lit.

Guernesey : dans **cette** maison, Victor Hugo a écrit *Les Misérables*.

Ces bouteilles sont de 1928.

Ce tableau est un faux Utrillo.

Cet éventail est celui de Carmen.

Ces bois sont la propriété des moines de l'abbaye de Solesmes.

2 - Répondez

a – « lit », « tableau », « éventail », « bois » sont masculins.

— Quel est le mot qui les précède ?
....
— Pourquoi la différence avec « éventail » ?
....

— Pourquoi la différence avec « bois » ?
....

b – « chambre », « maison », « bouteilles » sont féminins.

— Quel est le démonstratif qui les précède ?
....
— Pourquoi la différence avec « bouteilles » ?
....

114 – cent quatorze

6. Toutes directions
DÉCOUVREZ

c – Complétez le tableau :

Devant un mot...	masculin singulier commençant par une consonne :	masculin singulier commençant par une voyelle ou h muet :	féminin singulier :	masculin ou féminin pluriel :
... le démonstratif, c'est :	....	....	....	....

d – Complétez les phrases :

1 – .... appartement est bien situé mais il est cher.
2 – .... château du XVIe siècle est magnifique.
3 – .... jardins à la française sont très beaux.
4 – .... dessin n'est pas de Léonard de Vinci ; c'est un faux.
5 – .... vignoble angevin produit un vin excellent.
6 – .... amphithéâtre date du Ier siècle, il pouvait recevoir 5 000 personnes.
7 – .... vitraux sont les plus beaux du monde.
8 – À l'ombre de .... arbre, Rimbaud venait fumer la pipe.

3 - Écoutez 🎧

4 - Écoutez 🎧 **de nouveau et cochez la bonne case**

Marquez le démonstratif que vous entendez.

	ce	cet	cette	ces
1	☐	☐	☐	☐
2	☐	☐	☐	☐
3	☐	☐	☐	☐
4	☐	☐	☐	☐
5	☐	☐	☐	☐
6	☐	☐	☐	☐
7	☐	☐	☐	☐
8	☐	☐	☐	☐

5 - Écoutez 🎧 **et répondez**

On vous présente huit affirmations. Écoutez-les et dites comment vous les jugez :

	C'est vrai	C'est possible	C'est faux
1	☐	☐	☐
2	☐	☐	☐
3	☐	☐	☐
4	☐	☐	☐
5	☐	☐	☐
6	☐	☐	☐
7	☐	☐	☐
8	☐	☐	☐

> Pour dire qu'on ne sait pas si quelque chose est vrai mais qu'on pense que c'est possible : **peut-être**.
>
> C'est **peut-être** un faux Picasso !
> C'est **peut-être** un vrai !

Juillet : champs de lavande en Provence.

Avril : buisson d'aubépines en Bretagne.

Quel touriste êtes-vous ?

1 - Lisez

Sons et lumières

A
Les parcs d'attraction type Disneyland.
Les sons et lumières.
Les sites futuristes type la Cité des Sciences de La Villette.
Les cabarets.

Carcassone.

B
Les musées spécialisés, type le musée Picasso.
Les restaurants gatronomiques.
Les châteaux hôtels.
Les villes anciennes comme Carcassonne.

Vignoble en Bourgogne.

C
Les vignobles en septembre.
Les Alpes en été.
La côte bretonne en automne.
La campagne en mai.

L'Hôtel Negresco à Nice.

D
La côte d'Azur.
Les palais royaux.
Les boutiques de luxe.
Les grands hôtels.

La cathédrale de Strasbourg.

E
Les abbayes romanes.
Les grandes cathédrales.
Les ruines de châteaux forts.
Les rues médiévales.

2 - Complétez

— Ce qui m'intéresse, c'est (ce sont) ....
— Ce que j'aime, c'est (ce sont) ....
— Ce que je recherche avant tout, c'est (ce sont) ....
— Ce qui ne m'intéresse pas, c'est (ce sont) ....
— Ce que je n'aime pas, c'est (ce sont) ....
— Ce que je ne supporte pas, c'est (ce sont) ....

3 - Comparez vos réponses

Présentez vos réponses à vos camarades. Écoutez celles qu'ils présentent. Groupez-vous par affinités.
Résultats :
— ceux qui n'aiment que le moderne : ....
— ceux qui préfèrent la nature : ....
— ceux qui aiment l'histoire : ....
— ceux qui aiment le luxe : ....
— ceux qui sont esthètes : ....
Quelle est la tendance dominante ? ....

Pour désigner une personne

Masculin singulier : C'est **celui** qui ne s'intéresse qu'au Moyen Âge.
Féminin singulier : C'est **celle** qui connaît bien les boutiques de luxe mais aussi les meilleurs restaurants.

Pour désigner un groupe

Masculin pluriel : Il y a **ceux** qui aiment le vin et **ceux** qui préfèrent le coca-cola.
Féminin pluriel : Il y a les femmes qui aiment la haute couture et **celles** qui préfèrent s'habiller sport.

70 millions de touristes

6. Toutes directions
DÉCOUVREZ

1 - Regardez et lisez

Vignoble en Touraine.

Poitiers : le Futuroscope.

Paysage de Savoie.

Pommiers en fleurs en Normandie.

La Vénus de Milo.

La côte d'Azur.

LES ALLEMANDS
– Nombre de séjours en France en 1996 : **13,3 millions**.
– Durée moyenne du séjour : **8,7 jours**.
– Budget moyen par personne et par séjour : **€ 250**.
– Site favori : **la route des vins**.

LES ESPAGNOLS
– Nombre de séjours en France en 1996 : **2,7 millions**.
– Durée moyenne du séjour : **6 jours**.
– Budget moyen par personne et par séjour : **€ 300**.
– Site favori : **le Futuroscope de Poitiers**.

LES HOLLANDAIS
– Nombre de séjours en France en 1996 : **8,1 millions**.
– Durée moyenne du séjour : **8,5 jours**.
– Budget moyen par personne et par séjour : **€ 150**.
– Site favori : **les stations savoyardes**.

LES ANGLAIS
– Nombre de séjours en France en 1996 : **8,1 millions**.
– Durée moyenne du séjour : **7,2 jours**.
– Budget moyen par personne et par séjour : **€ 250**.
– Site favori : **la Normandie**.

LES JAPONAIS
– Nombre de séjours en France en 1996 : **500 000**.
– Durée moyenne du séjour : **4,3 jours**.
– Budget moyen par personne et par séjour : **€ 2 000**.
– Site favori : **le Louvre**.

LES RUSSES
– Nombre de séjours en France en 1996 : **45 000**.
– Durée moyenne du séjour : **7 à 10 jours**.
– Budget moyen par personne et par séjour : **€ 1 200**.
– Site favori : **la côte d'Azur**.

PHONÉTIQUE 🎧

Les sons [ə] et [ø]
1 - Écoutez.
2 - Écoutez de nouveau et répétez.
3 - Prononcez.
4 - Notez si vous entendez [ə], [ø] ou les deux.

	[ə]	[ø]	[ə] et [ø]
a	☐	☒	☐
b	☐	☐	☐
c	☐	☐	☐
d	☐	☐	☐
e	☐	☐	☐
f	☐	☐	☐

2 - Répondez

Quels ont été :

– les touristes les plus nombreux ? ....
– les moins nombreux ? ....
– ceux qui sont restés le plus longtemps ? ....
– ceux qui sont restés le moins longtemps ? ....
– ceux qui ont dépensé le plus ? ....
– ceux qui ont dépensé le moins ? ....

Ça n'arrive qu'aux autres (peut-être pas !)

1 - Regardez, lisez et répondez

Route nationale 24. Nous sommes à une dizaine de kilomètres de Vesoul. Deux policiers de la route viennent de demander à une BMW immatriculée en Allemagne de s'arrêter.
Dans la voiture, un couple d'une quarantaine d'années. C'est la femme qui conduit.

— L'homme et la femme ont 40 ans l'un et l'autre ?
....

— Ils sont français ? ....

2 - Écoutez et répondez

a - La femme qui conduit confond « peut-être » avec :
☐ « pourquoi pas ? »
☐ « bien sûr ! »
☐ « pardon ! »

b - Dans votre pays, la vitesse est limitée ? ....

c - Les policiers de la route donnent des amendes ?
....

3 - Regardez, lisez et répondez

Entrée du Futuroscope de Poitiers. Carmen, Monica et Yolanda ont fait la queue une trentaine de minutes sous le soleil d'août pour acheter leurs billets d'entrée au parc d'attractions. Toutes les trois sont espagnoles, de la région de Salamanque. Elles ont une vingtaine d'années. C'est Monica qui se présente au guichet pour acheter les trois entrées.
Le directeur du parc, un homme d'une cinquantaine d'années, arrive en souriant suivi d'hôtesses, de photographes, de journalistes, de cameramen et de badauds.

4 - Écoutez et répondez

a - Monica ne paie pas son billet. Et Carmen et Yolanda ? ....

b - Imaginez ce que les commerçants de Poitiers offrent au 2 millionième visiteur du Futuroscope.
....
....
....

c - Imaginez et jouez l'interview du journaliste de France 3 Poitou.

d - Cette situation vous paraît :
☐ vraisemblable ? ☐ impossible ?

Très utile !

— Excusez-moi, je ne comprends pas ce que vous dites. Pouvez-vous répéter, s'il vous plaît ?
— Excusez-moi. Je ne comprends pas bien. Pouvez-vous parler plus lentement ?

Les mots pour le dire

6. Toutes directions
Découvrez

Pour désigner une personne qu'on ne connaît pas
– Celui qui est assis au bar.
– Celle qui est à gauche me plaît beaucoup.
– Ceux qui aiment la campagne viennent ici.

Pour indiquer la durée
– Je suis à Lyon depuis une semaine.
– J'ai visité le Louvre pendant deux jours.
– Ça fait un mois que je suis en France.

Pour montrer quelqu'un ou quelque chose
– Ce château appartient à cet homme qui l'acheté à cette femme.
– Ces chevaux sont à lui aussi.
– Celui qui entre est le mari de celle qui chante.
– Ceux qui applaudissent sont anglais.

Pour indiquer une direction
Pour aller à la fontaine,
– il faut passer par…
– ensuite par…
– puis par…
– finalement par…
… et vous y êtes.

Pour désigner une chose sans préciser
– Ce que vous dites m'intéresse.
– Je ne sais pas ce qui se passe.
– Donnez-moi quelque chose pour la fièvre.

Pour donner une indication
– Poitiers est à une vingtaine de kilomètres d'ici.
– Ça vous coûtera une centaine d'euros.
– Elle a maintenant une soixantaine d'années.

6. Toutes directions
DÉBROUILLEZ-VOUS

Deux touristes français

1 - Préparation

Un couple français, la trentaine, mariés, professeurs tous les deux. Ils viennent pour la première fois dans votre pays (ou votre ville ou votre région). Ils ne parlent pas votre langue.
Ils vont rester sept jours.
Les circonstances font que vous allez les accueillir et établir le programme de leur séjour.

Par groupes de deux personnes, préparez une séquence. Chaque séquence sera ensuite présentée et jouée. Les éventuels désaccords entre une séquence et celle qui suit seront discutés par tous.

2 - Séquence 1

— Arrivée des visiteurs.
— Présentations mutuelles.
— Installation à l'hôtel.
— Dîner au restaurant de l'hôtel.

Conseils : ce qui se fait / ce qui ne se fait pas pour :
— saluer les gens ;
— circuler dans la ville ;
— aller au restaurant ;
— aller dans les magasins.

3 - Séquence 2

Les visiteurs sont interrogés sur :
— ce qui les intéresse ou non ;
— ce qu'ils aiment ou non ;
— ce qu'ils recherchent ou non.
Un programme leur est proposé.
Le programme de leur séjour est arrêté.

4 - Séquence 3

	Matin	Après-midi	Soir
Jour 1			
Jour 2			
Jour 3			
Jour 4			
Jour 5			
Jour 6			
Jour 7			

Programme de séjour des deux touristes français.

5 - Analyse des séquences

a – Le programme (séquence 3) convient-il aux personnalités reçues (séquences 1 et 2) ? En accord avec les goûts des visiteurs, modifiez le programme.

b – Les conseils de comportement donnés en séquence 1 sont-ils suffisants ?

6. Toutes directions
DÉBROUILLEZ-VOUS

Teotihuacan, Mexique.
La pyramide du Soleil.

San Cristobal de Las Casas, Mexique : le marché.

Yucatan, Mexique : scène rurale.

Bilan 2

Cochez la(les) bonne(s) réponse(s)

1 - À l'entrée du salon Éole, Mme Christine Dumont accueille ses invités. Elle dit :
☐ M. Wiesz ! Je suis heureuse de vous revoir.
☐ M. Marek ! Ça va à Varsovie ?
☐ Votre présence est un honneur pour nous, Mme Maréchal.
[   ]

2 - M. Silva rencontre Mme Rives. Il dit :
☐ Bonjour Madame ! Je suis heureux de vous revoir.
☐ Madame Rives, je regrette de vous rencontrer.
☐ Madame Rives, bonjour ! Excusez-moi.
[   ]

3 - Wilfried Williams va faire des courses. Il met :
☐ une tenue sport.
☐ un smoking.
☐ un jean.
[   ]

4 - Igor invite Robica au restaurant de la tour Eiffel. Il dit :
☐ Si tu me permets, Robica, prends le poisson.
☐ Si vous me permettez, Madame, le homard est très cher.
☐ Si tu es d'accord, nous prendrons du vin de Touraine.
[   ]

5 - Le maître d'hôtel du restaurant de la tour Eiffel dit :
☐ Nous avons un steak frites à 5 euros.
☐ Comme entrée, je vous conseille les asperges.
☐ Notre pizza est excellente, monsieur.
[   ]

6 - Il faut être fou pour :
☐ escalader la tour Eiffel.
☐ réserver une table dans un restaurant un an à l'avance.
☐ écouter Turandot au bureau.
[   ]

7 - La hiérarchie dans une entreprise :
☐ Le directeur a autorité sur l'hôtesse d'accueil.
☐ Le directeur commercial a autorité sur le directeur financier.
☐ Les chercheurs ont autorité sur les responsables du personnel.
[   ]

8 - Indiquez de 1 à 4 l'ordre de ces opérations :
☐ la commercialisation.
☐ la publicité.
☐ la recherche.
☐ la production.
[   ]

9 - Les directeurs commerciaux doivent connaître :
☐ le processus de fabrication des produits.
☐ le calcul du prix des produits.
☐ la motivation des clients.
☐ la philosophie grecque.
[   ]

10 - Un directeur commercial doit s'habiller :
☐ à la mode française.
☐ à la mode californienne.
☐ comme il veut.
[   ]

11 - Pour réussir dans la vie ; il faut :
☐ avoir vu la Joconde.
☐ connaître l'histoire universelle.
☐ parler plusieurs langues.
[   ]

Bilan 2

12 - En France, les voitures circulent :
☐ à gauche.
☐ à droite.
☐ à gauche et à droite.
                                          [   ]

13 - Pour circuler en voiture, il faut :
☐ attacher sa ceinture.
☐ avoir son passeport.
☐ ne pas fumer.
                                          [   ]

14 - Les musées nationaux sont fermés :
☐ le dimanche.
☐ le 14 juillet.
☐ le mardi.
                                          [   ]

15 - Les restaurants sont ouverts :
☐ toute la journée.
☐ de 12 h à 15 h.
☐ de 15 h à 19 h.
☐ de 19 h à 22 h.
                                          [   ]

16 - Les coquillages sont bons :
☐ pour la beauté des cheveux.
☐ pour le plaisir de manger.
☐ pour faire de belles photos.
                                          [   ]

17 - À Paris, une bonne promenade se fait :
☐ à pied.
☐ en métro.
☐ en taxi.
                                          [   ]

18 - En Bretagne, au mois de mai, on peut :
☐ assister tous les jours à des fest-noz.
☐ se baigner.
☐ prendre des bains de soleil.
                                          [   ]

19 - De Nice, en un jour, on peut :
☐ faire une excursion en autocar dans la Riviera italienne.
☐ faire en voiture un aller-retour à Toulouse.
☐ aller en bateau à Capri et revenir.
                                          [   ]

20 - La France accueille chaque année :
☐ plus de 100 millions de touristes.
☐ près de 60 millions de touristes.
☐ plus de 70 millions de touristes.
                                          [   ]

Comparez vos réponses avec les réponses de vos collègues de classe.
Corrigez les questions.
Chaque bonne réponse vous donne un point.
S'il y a plus d'une bonne réponse pour une même question, comptez seulement 1 point pour la question.
Une seule bonne réponse vous donne déjà le point pour la question.

— Si vous avez **de 0 à 9 points**, attention ! Vous devez revoir les épisodes étudiés !
— Si vous avez **de 10 à 13 points**, vous avez travaillé très vite !
— Si vous avez **de 14 à 18 points**, très bien ! On ne peut pas tout savoir !
— Si vous avez **19 ou 20 points**, excellent ! Votre mémoire est magnifique !

À bientôt !

La France que vous connaissez

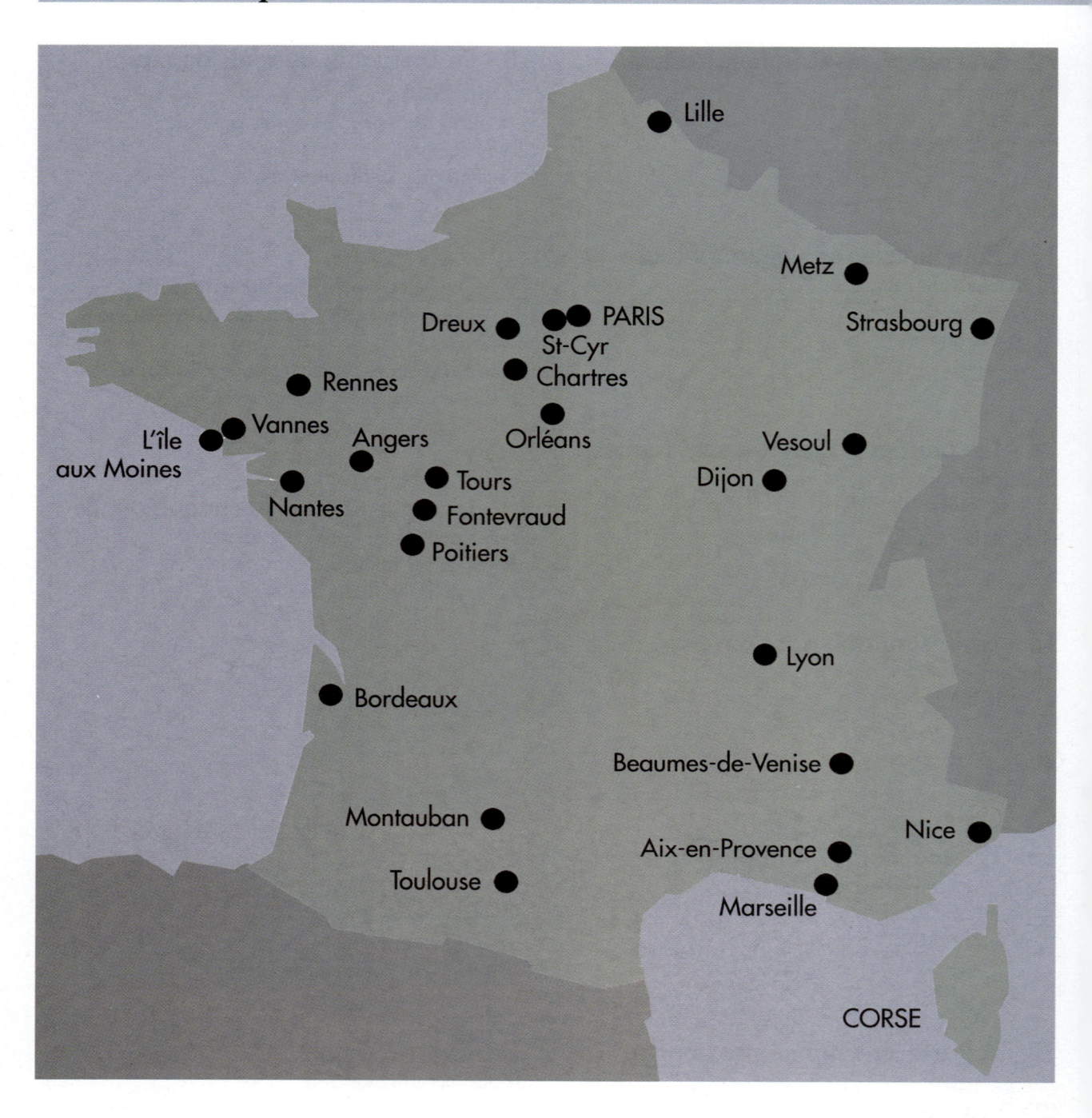

- Lille
- Metz
- Strasbourg
- Dreux
- PARIS
- St-Cyr
- Chartres
- Rennes
- Vannes
- Angers
- Orléans
- Vesoul
- L'île aux Moines
- Dijon
- Nantes
- Tours
- Fontevraud
- Poitiers
- Lyon
- Bordeaux
- Beaumes-de-Venise
- Montauban
- Nice
- Aix-en-Provence
- Toulouse
- Marseille
- CORSE

À bientôt !

À vous !

Choisissez un des lieux que vous avez connus en compagnie de Robica, Pablo Revueltas ou d'un autre personnage. Présentez-le à vos camarades.

Informations à donner

1 – Situation de ce lieu en France .... ☐
2 – Distance de Paris .... ☐
3 – Personnage qui a permis de le connaître
   .... ☐
4 – Centre d'intérêt .... ☐
5 – Aimeriez-vous le connaître ? .... ☐
   Total/15 ☐

Résultats

Pour chacun de ces points, vos camarades vous évalueront sur 3.

Pour votre fluidité d'expression, ils vous noteront aussi sur 3. ☐
Pour la correction de votre français, sur 2. ☐
   Total/20 ☐

Questions pour les meilleurs

Vous connaissez les éditions de l'Aigle noir ?
....
Est-ce que vous connaissez les éditions CLE International ?
Oui ☐
Non ☐

Qui aimeriez-vous rencontrer ?

Robica

Claudine

Mme Dumont

Mme Maréchal

Antonio Silva

Mika

Marek Wiescz

Wilfried Williams

Tableau des contenus

Pages	Thèmes abordés	Actes de parole
ÉPISODE 1 8 à 25	En avion Service de bord Les nationalités La famille proche À l'aéroport d'arrivée	- accepter, refuser, demander une boisson, un plat, des journaux - remercier, s'excuser - faire connaissance avec quelqu'un - se présenter - dire où on va, d'où on vient
ÉPISODE 2 26 à 41	Plan de Paris Les transports à Paris Adresses, téléphones, méls Au téléphone Des ami(e)s se revoient	- demander et calculer un prix - donner adresse, téléphone et mél - s'installer dans un hôtel - demander quelqu'un au téléphone, laisser un message - faire des compliments à quelqu'un
ÉPISODE 3 42 à 57	Plan du métro et du RER Mode d'emploi du métro et du RER Dans les rues de Paris Programme d'une journée Présentation d'une entreprise	- préparer, comprendre un itinéraire dans le métro et le RER - demander son chemin à des passants - parler d'une multinationale (dates marquantes, produits, implations) - comprendre, demander, donner heure et date - donner son impression
ÉPISODE 4 60 à 79	Séminaire dans une entreprise Historique d'une entreprise Organigramme d'une entreprise Relations entre les membres d'une entreprise Réception chic, apéritif sympa	- savoir marquer le respect - se présenter à des supérieurs ou à des collègues - parler de ses supérieurs ou de ses collègues - le rituel des rencontres - lire les expressions d'un visage
ÉPISODE 5 80 à 99	Repas simples ; dîners gastronomiques Mets et vins Achats de cadeaux Magasins de souvenirs Conseils pratiques	- commander dans un restaurant - demander un conseil pour un menu, des achats, une promenade - décrire succinctement une personne - ne se perdre ni dans un musée, ni dans un grand magasin
ÉPISODE 6 100 à 121	En voiture sur les routes de France Circulation routière : règles et risques Visites et promenades À Nice en TGV Les histoires de l'Histoire	- chercher, présenter, décider d'un itinéraire - comprendre, choisir un programme de loisirs - donner son sentiment sur un site, une curiosité, une personne - comprendre un guide (le livre et la personne)

Tableau des contenus

Lexique	Grammaire	Phonétique
- à bord d'un avion - éléments de politesse - boisson, plats, journaux - nationalité, profession - alphabet et chiffres	- présent de l'indicatif - pronoms personnels sujets - articles partitifs, définis et indéfinis - adjectifs possessifs - la forme négative	- les sons [i], [y], [u] - intonations et sentiments
- Paris : arrondissements, rues, avenues - taxi, métro, RER, autocar - hôtel : qualités, prix - politesse : l'excuse - qualités d'une personne	- *pouvoir* et *prendre* au présent de l'indicatif ; - le passé composé - le verbe *connaître* - usage du *tu*	- les sons [a], [ɛ], [i], et [ɛ], [e] - rythmes et pauses - intonations des rituels du contact - mots à forte valeur intonative : *allons, mais, ça va, bien*
- lexique de l'usager du métro, du RER et des taxis - les heures, les jours, les mois - une journée de touriste - rendez-vous et ponctualité - c'est beau ! C'est nul !	- le futur simple - les formes interrogatives - *oui / si* - le pronom *y* - emplois de : *il faut*	- les sons [œ] et [ø] - l'expression de l'insistance - mots à forte valeur intonative : *voyons, et alors ? et puis…*
- les locaux d'une entreprise - les postes dans une entreprise - interventions dans le cadre d'un séminaire - les tenues vestimentaires - notions de savoir-vivre	- *ne … que, ne … personne, ne … pas du tout* - emploi de *ça* - *le plus, le moins* - la chronologie	- les sons [n] dans la consonantisation - valeurs intonatives de *bon* et *oh !* - les mélodies de l'ironie
- nourriture - articles de Paris - traits physiques d'une personne - mesures, tarifs, horaires - abréviations courantes	- impératif - infinitif forme négative - *pourriez-vous…* - pronoms et adjectifs indéfinis usuels	- expression de l'admiration, du plaisir, du regret - les voix de certains métiers : *maître d'hôtel, vendeuse…*
- la voiture - routes, autoroutes et chemins - le temps qu'il fait - la gare, le train - histoires des gens et des lieux - histoires de famille	- adjectifs et pronoms démonstratifs - les périphrases - les articulateurs de l'énumération - les marqueurs de temps - la durée ; *ça fait, depuis…*	- les sons [ə], [ø], [r] et [l] - *ont, font, vont, sont*

Crédit photo

Les photographies de cet ouvrages sont de Claude Caroly sauf :
Couverture haut gauche : Villerot/Diaf. Couverture haut droite : Pratt-Pries/Diaf .Couverture bas gauche : Davd Guyon/Diaf. Couverture bas droite : Villerot/Diaf. Page 17 milieu gauche : P. Barbin /Reuters/MaxPPP, Paris. Page 22 : arbre généalogique des Capétiens, lithographie d'après Ad. Perrault-Maynard.Paris, bibliothèque nationale de France. AKG, Paris. Page 26 bas gauche : ND-Viollet, Paris. Page 30 bas centre gauche : ND-Viollet, Paris. Page 36 : Pierre Léotard. Page 41 bas, Mexico : Paul Almasy/AKG, Paris. Page 52 milieu : Roger-Viollet, Paris. Page 52 droite : AKG, Paris. Page 54 haut : Lily Franey/Rapho, Paris. Page 54 bas gauche et centre gauche : Sherb/Rapho, Paris. Page 54, centre droit (cosmonaute) : Nasa/Galaxy Contact. Page 56, page 57 haut gauche, page 57, page 57 bas gauche, page 57 bas droite : archives Nathan . Page 73 : Albrecht Dürer (1471-1528), Adam et Eve, vers 1510, gravure sur bois. Paris, bibliothèque nationale de France. Giraudon, Paris. Page 73 droite : la Peau de chagrin, film d'Albert Capellani, 1909, d'après Honoré de Balzac. Collection Cinémathèque française, Paris. Page 75 haut gauche : Upi/MaxPPP, Paris. Page 75 haut droite : Bruno Pellerin/MaxPPP, Paris. Page 75 bas gauche : Berliner Studio/MaxPPP, Paris. Page 75 bas droite : Dite/Usis, Paris. Page 76 gauche : carte Michelin. Page 76 droite : Pierre Léotard. Page 86 droite milieu : Baufle/Rapho, Paris. Page 88 bas gauche : Fotogram Stone, Paris. Page 88 bas milieu : Image Bank, Paris. Page 88 bas droite : Werner Bokelberg/Image Bank, Paris. Page 92 droite milieu, décor : Roger-Viollet, Paris. Page 94 haut : Plans Taride. Page 95 haut, décor : Paul Almasy/AKG, Paris. Page 95 milieu, décor : Vsevolod M. Arsenyev/AKG, Paris. Page 95 bas, décor : Roger-Viollet, Paris. Page 102 haut : carte Michelin. Page 102, Aliénor et son fils Richard Cœur de Lion : AKG, Paris. Page 102, Azay-le-Rideau : Roger-Viollet, Paris. Page 103 haut : carte Gabellis, Paris. Page 104 haut gauche : carte RV Reise - und Verkehrsverlag GmbH München - Stuttgart et Géo Data. Page 104 haut droite : Rega/Rapho, Paris. Page 104 bas gauche : Pierre Léotard. Page 104 bas droite : Pierre Léotard. Page 105 droite : collection Viollet, Paris. Page 107 droite : Roignant/Andia, Rennes. Page 110 : Christian Cuny/Rapho, Paris. Page 111 bas : Roger-Viollet, Paris. Page 113 haut : Ludwig van Beethoven, caricature de Lyser, vers 1823. AKG, Paris. Page 113 milieu : Gioacchino Rossini, lithographie d'Auguste Lemoine. AKG, Paris. Page 113 bas : Harlingue-Viollet, Paris. Page 114 haut gauche : CAP/Roger-Viollet, Paris. Page 114 haut milieu : LL-Viollet, Paris. Page 114 haut droite : AKG, Paris. Page 115 haut : H. Silvester/Rapho, Paris. Page 115 bas : Alizée Chopin/Map. Page 116 A : Jaques Guillard/Scope. Page 116 B : CAP-Viollet, Paris. Page 116 D : LL-Viollet, Paris. Page 116 E : CAP-Viollet, Paris. Page 117, le Futuroscope : photo Futuroscope, Poitiers. Page 117, la côte d'Azur : collection Viollet, Paris. Page 118 haut droite, décor : photo Futuroscope, Poitiers. Page 121 haut : Roger-Viollet, Paris. Page 121 bas gauche : Roger-Viollet, Paris. Page 121 bas droite : Roger-Viollet, Paris.

Nous remercions la société Air France pour son aimable contribution.

Direction éditoriale : Michèle Grandmangin
Édition : Marie-Hélène Tournadre
Direction artistique et infographie : Pierre Léotard
Mise en page : Joseph Défossez
Prises de vue : Claude Caroly
Stylisme : Mathilde Caroly
Recherche iconographique : Nathalie l'Hôpitault
Cartographie : Jean-Pierre Magniez
Fabrication : Patrice Garnier